旧大槌通の文化財　II

大槌町　虎龍山吉祥寺の宝篋印塔と一字一石経塚

～　五世大到見牛と東梅社開闢者仏眼祖睛と住民の祈り　～

三日月神社・虎龍山吉祥寺文化財調査員　佐々木勝宏

虎龍山吉祥寺の宝篋印塔

吉祥寺　宝篋印塔の石材寸法合成図

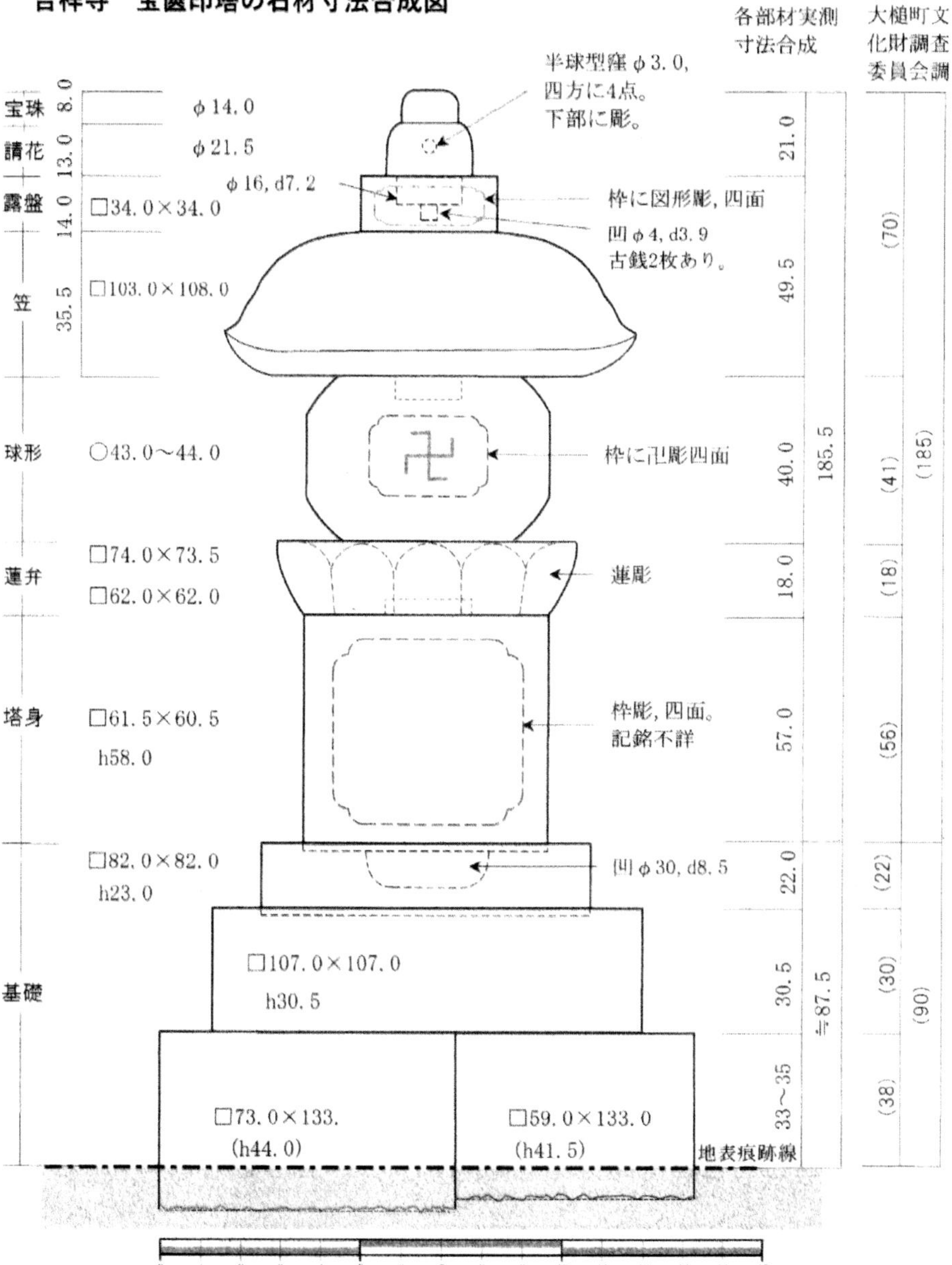

注：基礎の２か所の石材合せは、窪み2.0cm
　　に対して1.0cmとして構成した。
実測日：令和4年12月24日

大槌町文化財調査委員会の記録
調査日：昭和56年6月4日
調査者：沢舘、黒沢
　基礎１段目の巾は132×2と表示

はじめに

宝篋印塔、一字一石経塚とは何なのか、何のために建立され、なぜ一緒に作られたのか、現代社会において一般の方にはあまり興味関心のないことだと思います。それは岩手県の沿岸地区だけに限ったことではないでしょう。

この印塔は、何の役に立つのか、何のためにあるのかを伝え難くい状態です。お寺に行くのは葬儀や法要の時、あるいは彼岸や盂蘭盆会の墓参りだけになってしまっている昨今、二百五十年程前の人々がどのような思いで印塔を建立し、経石を埋納したのかを少しでも知ってもらいたいと思い筆を執りました。

吉祥寺の住職を勤めたことがある大到見牛という和尚さまは、総本山の輪番住職をつとめるほどの僧侶でした。七十五日ずつの交代制だったとは言え、誰でも就任できるものではありません。想像ですが前川善兵衛家の所有船で、青森県の野辺地湊まで大槌から北上して、北前船に乗り換えて輪島で下船して総持寺祖院にたどり着いたはずです。離任後は能登や加賀の文物携えて帰郷したことでしょう。この往復に恐山を参拝した可能性もあるでしょう。前川善兵衛家の商取引にかかわり、聖地霊場の巡礼をした仏眼祖晴と二人で、地元住民の安寧とそれを支える大漁祈願や五穀成就や家業繁盛と先祖供養や家族の日々幸福を祈って、一つの石に経典の一文字に心願を込めて書上げた住民たちの様子に思いを馳せてもらうために、発見状況や勧めに従った地域住民の思いなどが少しでも伝われば有り難く、一考察してみました。

口　絵　虎龍山吉祥寺参道脇の宝篋印塔　德田健治氏提供
実測図　田口弘明氏提供

目次

一　虎龍山吉祥寺の紹介

岩手県上閉伊郡大槌町の北辺に位置し、浪板地区を挟んで隣町下閉伊郡山田町との町境に近い吉里吉里地区にある虎龍山吉祥寺（注1）は大槌町内の浪板や吉里吉里、赤浜の住民を檀信徒として元和元年（一六一五）の開山から四百年を超える歴史のある曹洞宗の寺院です。開基の大檀那は三代前川善兵衛助友（注2）で吉里吉里地区の沿岸ちかくの比較的平坦部にあたる古寺地区から現在地に地所を移し、建立したのが享保元年（一七一六）のことでした。四代富昌（注3）、五代富能（注4）と前川善兵衛家が代を重ねて伽藍の整備をしたと伝えられます。

二　前川善兵衛家と三寺院

大槌町指定文化財前川家文書（注5）のなかの系図に付箋をつけて我が家で建立した寺院は、九戸郡野田村の海蔵院（注6）、吉祥寺、高野山金剛峰寺の塔頭遍照光院（注7）の三寺とありました。海蔵院と吉祥寺の本寺は、宮古市津軽石の瑞雲寺（注8）です。さらに善兵衛家四代富昌は野田御給人（注9）からの婿養子で盛岡藩や八戸藩からの依頼で銅を舟運により積み出しています。この銅は干海鼠や干鱶鰭や干鮑を俵詰めした俵物（注10）と並んで長崎貿易の主要輸出品でした。その鮑を捕獲するのは野田通（注11）出身の素潜り漁師たちで、時期になると善兵衛家に止宿して衣食住を賄ってもらい従事しました。（注12）少し長くなりましたが、野田と吉里吉里の縁は寺院、舟運、漁撈と生産加工などで深く繋がっていたわけです。

三　前川善兵衛家

善兵衛家はもと、北条早雲から始まる相模小田原の北条氏（後北条氏）の家臣で、小田原市内の前川に居住していたので、これを苗字としていました。豊臣秀吉の小田原攻撃の際には伊豆半島の下田城を固めていましたが、北条氏の降伏に伴って知行や俸禄を失い牢人（浪人）となります。その後の苦労は想像できます。太平洋岸を北上して一時、現在の陸前高田市気仙町の気仙川河口周辺（注13）に住みますが、仙台藩気仙郡の政治の要地になったため、さらに北上して吉里吉里に土着することになります。

吉祥寺の山門と石段

『当家代々記録』（注14）によれば、初代富久は延宝五年（一六七七）死去ですから十七世紀後半の人物です。富英と富久の間に一人入る可能性もあります。苦労の末に土着して生業が確立するまでは記録しづらいことも多かったのではないかと考えられるからです。系図通りですと後北条氏に仕えていた富英の没年記載はありません。初代の富久は延宝五年（一六七七）死去なので、富英が長寿という より、一世代分が抜けていると考えるのが自然です。二代富永は宝永六年（一七〇九）に死去し、三代助友の没年は延享三年（一七四六）です。三代と養子四代の年齢差は十三歳です。十八世紀初頭に家業の確立がなされ、三代助友の十八世紀前半には隆盛を極めています。

海産物の盛岡領からの荷出しや販売は、常陸国那珂湊（注15）の白土次郎右衛門らが担っていましたが、この助友のころから、盛岡藩はその重点を善兵衛家に移します。助友は八代藩主南部利視と馬が合い、牛馬の飼育を任され、祝い事の際は鯛や作り立ての蒲鉾などを献上しています。

彼の長寿にあやかろうと盛岡城二の丸で藩主家の乳幼児を彼に抱かせるなど関係が親密です。高齢のため徒歩での伺候（ご機嫌伺い）が困難だったため、大槌から盛岡まで青駄(駕籠)乗りが許されるなど特別待遇でした。南部利視と前川助友の頃はまだ余裕がありましたが、海産物の漁獲量や採集量が減って来ますと、その生産加工や舟運で収益をあげていた善兵衛家にとって、江戸資本の進出や、出荷物の値段の公定化は、家運の凋落に拍車をかけて行くことになります。藩主家の度重なる資金提供要求に、家格維持のための費用が嵩み、五代富能は苦心惨憺しますが、六代富長代にいたっては所有船も激減して家業維持も困難になっていきます。

虎龍山吉祥寺本堂前は舗装され整備が進む

四　盛岡藩の財政を担う

盛岡藩は財政の一翼を担う銅と俵物の他領への出荷は勿論、小坂銅山経営まで善兵衛家に委ねていました。さらには江戸藩邸(上屋敷や下屋敷など)で消費する味噌の製造は、大豆、塩、麹、水、味噌樽の杉材や箍(たが)となる竹材などすべてが容易に揃う大槌で製造し、江戸へ船で運ばれました。製造と運搬の全般を管轄したのが善兵衛家でした。

藩は年貢米を中心とする収入を善兵衛家への借金返済に宛てられませんでした。藩士への俸禄として、ほとんどが支給にまわされるからです。そこで海産物の漁獲量などに課税される拾分一税(注16)の徴収の権利を数年間(十年間が多かった)与えます。これを善兵衛家への借財返済に充てようと考えたのでした。残念なことに漁獲量が減少すれば税収入は見込めません。それでも藩が得るべき納入分は請求してきますから、その分は、善兵衛家が工面して上納することになります。借金返済は絵に描いた餅でした。それほど藩財政は困窮していました。

国役(お手伝い普請)と呼ばれる河川工事などの公共事業を幕府は石高の大きい国持大名に任せて、その費用をすべて負担させます。政府にあたる幕府は費用負担をすることなく、請け負わされた大名家の財政を圧迫困窮させて、蓄財の芽を断って反幕行動に繋がらないようにしました。加賀の前田家は加賀、能登、越中などを薩摩の島津家は薩摩、大隅など一国以上を領有する国持大名ですが、盛岡藩の場合は陸奥国のすべてを領有しているわけではありません。陸奥守も仙台伊達家の当主が近衛中将とともに任官されました。盛岡南部家の当主が任官される官職は大膳大夫あるいは信濃守でした。家格には大きな差がありまし、稲作に不向きな冷涼な地帯も多いのですが、「三日月が丸くなるまで」

と言われるほど藩領域は広くても石高はそれほどありませんでした。鎌倉時代から続く名家としての扱いを幕府から受けていたために、十万石の時にあった割り当ては、三十六代当主十一代藩主南部利敬が北方警備の褒美として二十万石に石直しされた後はさらに割り当てられる可能性が高まりました。

二十万石になったと言っても新規に領地を得たわけではありません。大名家としての家格は上がりましたが実収入が増えたわけではありません。逆に家格が上がった分だけ相応の負担が増え、ますます藩財政を窮乏させます。準国持大名扱いという家柄の誇りを持ちますが、国役相当の普請を請け負わせられる機会も、それだけ多くなるわけです。

盛岡藩の収入のうち、上級武士には領地の支配権を与えた知行地で、下級武士には藩庫に集めた米の大半は俸禄米として給与に充てましたので、江戸での支出を賄うのも大変でした。将軍、老中などへの時候の挨拶と贈答品や、旗本や諸大名との交際に宛てる諸経費は軽減されることはないわけです。冷害による飢饉が多発する北国の藩ですから財政は窮乏の一途をたどっていきます。従って米以外の収入に頼るしかなくなります。領内沿岸部で生産される長崎俵物による収益は貴重な「宝の山」であり、その生産加工と舟運を担って地域の振興と発展に大いに貢献した善兵衛家に食指を伸ばすのは当然のことでした。善兵衛家は藩の要求に対応できる力を持っていたと言うことです。国役を命じられると善兵衛家を頼る以外に盛岡藩は為す術がありませんでした。(注17) 藩主南部利視(注18)と隠居して怡顔(いがん：笑顔のこと)と名乗った三代助友は昵懇になりましいた。四代富昌は盛岡支配の御給人として勘定方(注19)の仕事として藩が必要とする大金の用立てにあたる難しい仕事を担当させられました。盛岡藩の後見があるとはいえ、善兵衛家の信用とその所有する船や各地の支店の敷地や店舗を担保として江戸の様々な商売を行っている商人たちからの借入金の交渉をまとめました。これは江戸など関東の商人たちによる盛岡領沿岸部の布海苔や干鰯、油粕などの特産品を買い占めてしまうなどの経済進出を加速させる結果となりました。（注20）栃木県の日光（東照宮）本坊の修理（注21）や静岡県の大井川と、山梨県の釜無川（注22）の洪水対策の改修工事や後水尾上皇の仙洞御所（注23）の造営などの七千両や五千両という巨額の費用を捻出する交渉を担わされたのです。

金策に尽力した五代富能が制作奉納した師匠であった圓通正法寺三十世の東光良普こと寂照軒の位牌

見生山大念寺蔵

南部利視肖像　もりおか歴史文化館所蔵・提供

重信、行信直系である自負が強く、聖壽寺の二人の墓石を建て直している。祖母は岩井氏、母は黒澤氏の出身である。

前川稲荷大明神

向って右に四代富昌が盛岡厨川から勧請した稲荷神、左に稲荷宮殿よりやや小振りの宮殿に三代助友と梅屋善右衛門が、造像させた厨子入辨財天坐像並十五童子像が並んでいる。稲荷神と辨財天を祀るので両社殿と藩政期には呼ばれていた。扁額は松下烏石揮毫である。辨財天は住友財団により修復されている

津波被害に遭った白い神狐像も現在修理中

利視は、沿岸部の巡視(注24)に際して善兵衛家に宿泊して両社殿と呼ばれていた屋敷神の前川稲荷と弁財天を参拝しています。この稲荷は、南部藩主家が信仰した盛岡市稲荷町の厨川稲荷神社(注25)から勧請したもので、その由来を利視は聞いて祖父母の行信と慈恩院、父母の信恩と浄智院が篤く信仰し、自らも参拝していました。その神社から勧請した稲荷神が祀られていることを知り、藩主家と善兵衛家の浅からぬ因縁を知って感激一入でした。(注26)利視の死後、善兵衛家はその位牌(「天量院殿」)を制作して菩提寺である虎龍山吉祥寺の御本尊の脇に安置して日常的にそして様々な法要においても、礼拝を欠かしませんでした。利視は宝暦二年(一七五二)に亡くなっていますが、この頃が善兵衛家の全盛期だと言えます。

盛岡南部家菩提寺の聖壽寺や東禅寺は臨済宗ですが、善兵衛家の菩提寺吉祥寺は曹洞宗で、このような歴史も刻む由緒あるお寺でもあります。

五　山号と寺号と虎舞

近松門左衛門の人形浄瑠璃『国性爺合戦』（注27）を観た善兵衛家の船の水主（注28）たちがこれに感動して地元に戻って、その様子を真似て演じて見せたことから郷土芸能「虎舞」が始まりました。（注29）浄瑠璃や歌舞伎の影響を、今日まで色濃く伝えています。吉祥寺の山号の虎龍山もこのようなことにちなむのかもしれません。

善兵衛家は様々な大きさや種類の持ち船を数多く所有していました。与板船、弁財船などの名称も伝わります。（注30）その中でも最大級の外洋を航行した二隻の船名は「吉祥丸」と「明神丸」でした。何度か銚子の利根川河口などで難破して破船して廃棄になっています。ところが新しく造船すると、この名を何度もつけて使い続けました。善兵衛家の菩提寺の吉祥寺と、屋敷神の前川稲荷大明神に因むからだと考えられます。「吉祥丸」の船号扁額は現存しません。「明神丸」の船号扁額は二枚現存し、一枚は銅板を鋲止めした小振りのものです。もう一枚は、加賀（石川県）の書家赤井啓明の揮毫です。力感溢れるはち切れそうな勢いのある大きな文字で金泥仕上げです。

「東榮丸」は親和の息子三井親孝、「東寳丸」は盛岡藩の能書家、東皐久慈文眞の揮毫です。その都度、有名書家に依頼していたことがわかります。

古文書に見える船頭名は「明神丸」は文蔵、「吉祥丸」は利吉（理吉）です。彼らは単なる操船船頭ではなく、船荷の売買や、大時化の際には船と乗組員を守るため、荷の海への投棄（荷打ち）や、商売上の権限も与えられた現地の番頭とあるいは支店長と言った役割を果たしていました。

六　吉里吉里と安渡

善兵衛家の本拠地は吉里吉里でした。大槌半島の北辺に位置します。片男波の打ち寄せる浪板海岸とは異なり、穏やかな波静かな吉里吉里海岸は砂浜です。木杭を打ち込み、板をはめ込めば造船や修理のためのドッグをその船の大きさに応じで作り出すことが出来ます。

さらに吉里吉里は雨や霧が多く、杉などの船材の成長に好適地で、擂鉢状の地形を利用して船材の集積、乾燥、保管には恰好の場所でした。集落の北側は南向きの傾斜地に棚田や段々畑が形成され、湧水にも恵まれて生活しやすい場所でした。南と西側は建材を育てる森林を育てていました。

安渡は大槌半島南辺の大槌湾の奥にあり、大槌川の河口にあたります。湖のような湾の深まりと弁天島による波風の減少、さらには鳩崎（注31）と呼ばれた小半島による波止場があった上に大槌川、小鎚川、鵜住居川と海底湧水によって汽水域が広く、船虫や海藻や貝がつくことを防ぎ木造船の停泊や荷の積み下ろしは最適地でした。当時は船に塗料は塗りませんから白木船を長持ちさせるのにも都合が良いわけです。大槌通全域から集荷された船荷を積み込んで出航し、江戸や上方からの舶載品の荷下ろしする場所で、ここには善兵衛家の安渡邸(注32)が二渡神社と鳩崎稲荷社の間にありました。

惣川、鳩崎、二渡、吉里吉里と稲荷信仰とともに、金比羅信仰や八大龍王信仰が盛んだったことが、津波で流されて一箇所に集められた碑によって大漁祈願と海上安全こそが、家門隆盛、家業繁盛に繋がっていたことを如実に語っています。

七　里舘家と十王舘家

「里屋」という屋号で商売をしていた里舘家が前川善兵衛コンツェルンの海産物の集荷と廻船業務を担当する善兵衛グループ（商号は東屋孫八）の紐帯であり、大番頭といった位置づけで、各地にあった善兵衛家の分家のなかでは最大だったと考えられます。地元では「里忠」と呼ばれ代々の当主は里舘忠兵衛などと名乗りました。地元のガソリンスタンドにも「さとちゅう」は使われています。

この家は現在、大槌稲荷神社と呼んでいる二渡神社の再建や神事を催す中心となる家柄で、常陸国水戸の玉樹山羅漢寺（注33）への参詣者の世話や代参、伽藍の維持費などの寄付金集めなどを行うまとめ役の羅漢講の講元でもありました。

神社の祭祀は藩政期において修験の羽黒派（注34）の正学院が行っていました。明治以降はその子孫は十王舘と名乗って担い続けて現在に至ります。この家の神棚には、修験の時の本尊であった不動三尊像と地蔵菩薩立像や、奪衣婆と十王像（注35）は坐像が祀られています。これらは社家に大切に保管されています。

神社の本殿には恵比寿大黒の二天像があります。さらに奈良の一刀彫の形式によく似た稲荷神像と巻子の中興縁起が元文二年（一七三七）丁巳夏五月に大槌出身の商人で盛岡城下六日町に出て成功した中嶋徳右衛門秀興によって奉納されています。仲介をしたのが大槌の中島甚右衛門と黒沢武左衛門であったことも中興縁起に見えます。

三井親孝揮毫扁額　正一位稲荷宮　　社家蔵

正学院のご本尊不動三尊像　社家蔵

地蔵菩薩立像と十王坐像　社家蔵

脱衣婆坐像　　　中尊地蔵菩薩立像

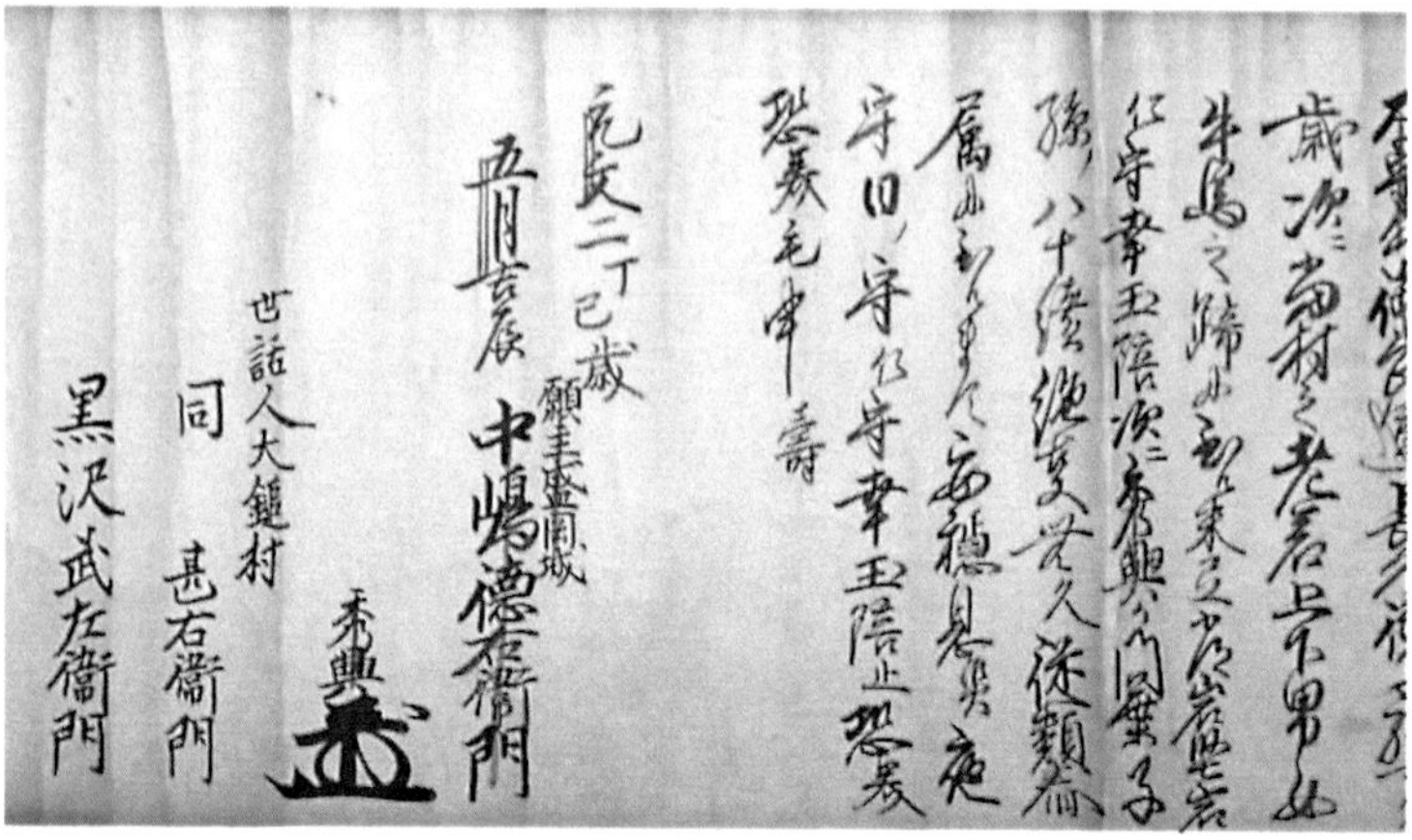

元文二丁巳歳
五月吉辰
願主当國城
中嶋徳右衛門
秀興
世話人大鎚村
同 甚右衛門
黒沢武左衛門

二渡神社中興縁起の末尾部分　大槌稲荷神社蔵

農具を持ち、稲束を担いでいた様子が伝わる稲荷神
大槌稲荷神社蔵

八　里舘家伝来の文化財

　前川善兵衛家の舟運を担った里屋里舘家が残した掛け軸が他家に渡って数軸が震災の被害を受けずに残りました。そのなかに染物商を生業として各種の名画を書写した佐々木藍田（注36）が残した達磨図などとともに、馬術と弓術に抜群の器量で大名家などに指南を行っていた、独特の篆書で一世を風靡した三井親和（注37）の南山献壽栢にちなむ書と、北宋の書家米芾（べいふつ）を尊崇していた親和同様に江戸中期から後期にかけて活躍した市河米庵（注38）の一行書の軸がありました。東都と呼ばれた江戸は勿論のこと、全国的に有名であった書家に揮毫を直接頼んだのか、人手を通して入手したかはわかりませんが、そのような人気がある書家を知っていて、その価値も認知していたことがわかります。

　地元絵師佐々木藍田こと木瑛田叔の絵画も数点残されていました。二渡神社(大槌稲荷神社)社家には、「二渡社縁起」が伝わります。これは神社の管理運営の中心だった里舘家の依頼で仏眼祖晴が筆を執って認めたものです。折本に仕上げしたかったものの裏打ちも不完全でしたので今回折本に仕立てにしました。巻頭には東梅社、巻末には不定不臥、仏眼祖晴の印があります。前川稲荷は厨川稲荷からの勧請でしたが、この記述時点では二渡稲荷神はどこから勧請されたのかはっきりした伝承は失われていたようです。鳩崎に一度、現在地に二度渡ったと言うのですが、『大槌町史』にあるように笹原からだとしても、笹原に来る前は記されていません。鳩崎から笹原、そして現在地ということでしょうか。笹原へはどこから勧請されたのでしょうか。

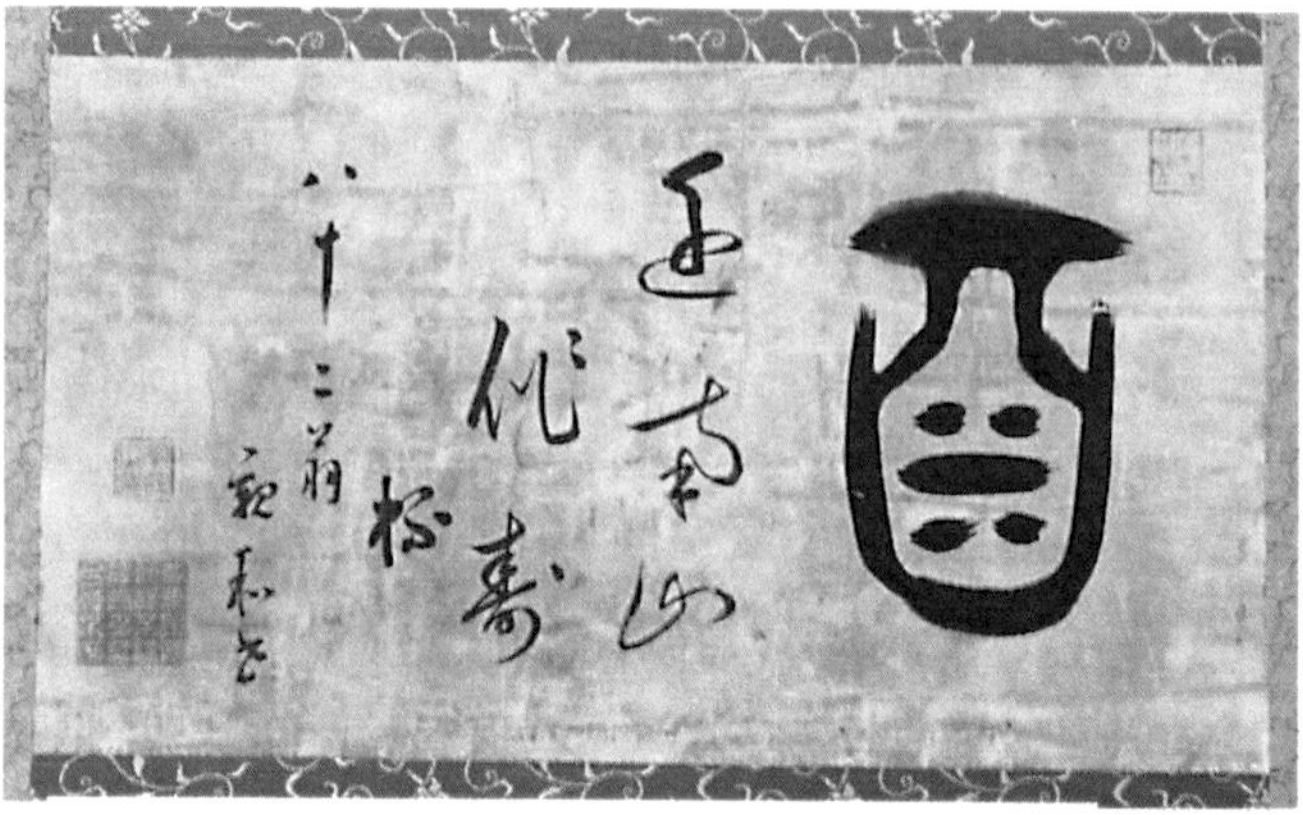

三井親和八十二歳書　個人蔵

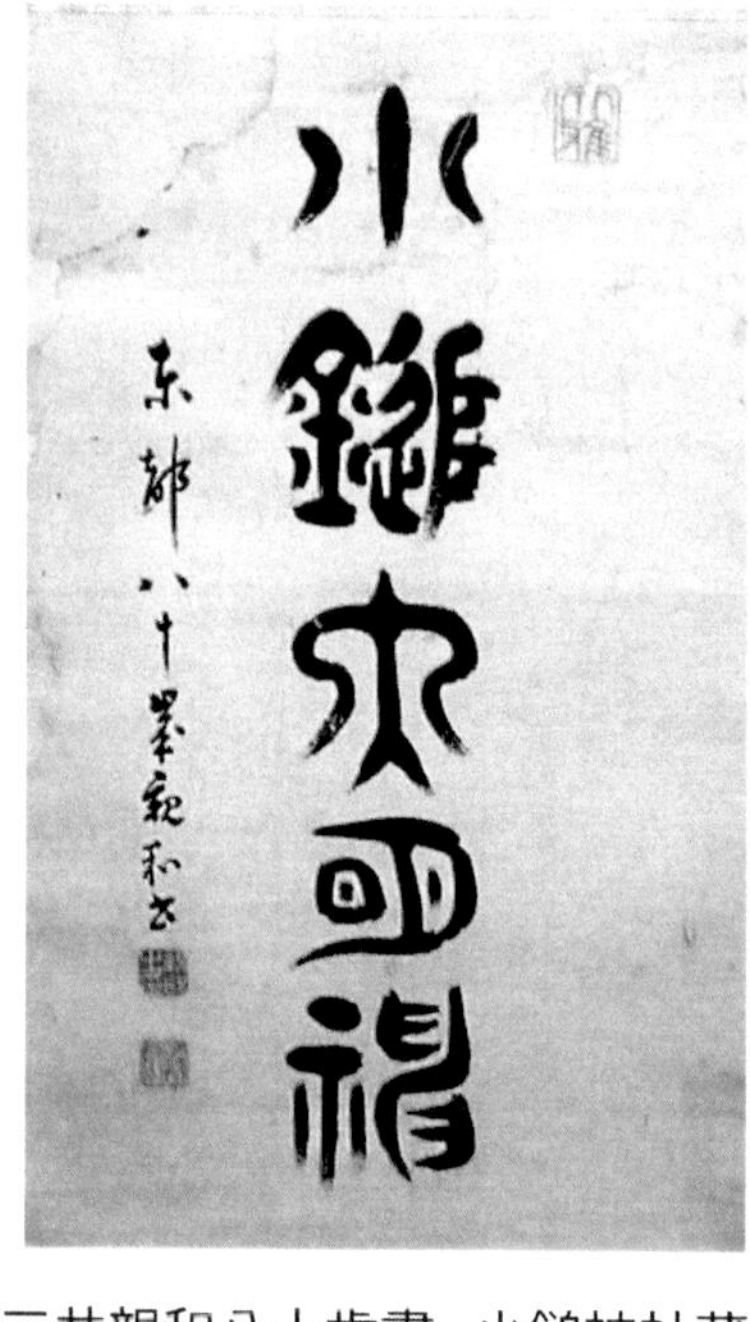

三井親和八十歳書　小鎚神社蔵

当時の安渡の別宅で大旦那様と呼ばれていた五代善兵衛富能と分家の里舘（前川）孝七と仏眼祖睛の三人が密接に交流していた証の一つとなります。二渡稲荷大明神と記された幟旗を染めるために孝七が筆を執ったものも津波被害を免れ残っていましたので、洗いをかけ、裏打ちしました。

九　一字一石経の発見

現在の国道45号線は太平洋岸にそって南北を結んでいますが、藩政期の吉里吉里を通過する旧浜街道は北上高地と海岸線の間隙を縫うように西側山麓の裾野の中腹を通っていました。

吉祥寺五世大到見牛と東梅社を開いた持経者（注39）で木食僧（注40）の仏眼祖睛ゆかりの宝篋印塔（注41）は、この旧浜街道と吉祥寺への参道が交わる地点に杉の大木に囲まれるように建っていました。他の石碑群はこれに続いて参道に沿って建てられていました。

いわゆる近畿地方で見られるような驢馬の耳状の突起が四隅についた階段状の塔ではありません。相輪に相当する部分もありません。塔身の上に五輪塔の水輪に相当する球形を挟むため、形状は五輪塔に近いです。上から宝珠を空輪に、請花を風輪に、笠を火輪と見れば、球形が水輪で、塔身が地輪に相当しているともみることも出来ます。

手前から右手奥が宝篋印塔の跡地

この印塔の脇には「略示」（注42）と上部に刻まれた祖睛が筆を執った石碑が添えられていました。建立の意義や経過を解説しています。おかげで見牛と祖睛が尽力して造立したことはわかっていました。

大変貴重なことに宝篋印塔のなかには木製の箱（宝篋）に何かが納入され、それと一緒に蛇紋岩の平小石の一字一石が収められていました。このほかに寛永通宝二枚が臍穴の最底部から発見されました。印塔の初層の下は大きな蓋状の石があり、その石下には大量の一字一石経に囲まれて、石室が組まれ、金光明経（注43）と般若心経（注44）を納めた甕に陶磁器鉢が入り、埋納されていました。

十　発見の経過

少子高齢化が急速に進む岩手県の沿岸地区にあって、東日本大震災はこれに拍車をかけました。そのため大槌町全体で三割ほどの人口減少とともに、高齢化率はさらに高まりました。そんな現状にあって、足腰の弱った高齢者が葬儀や法要に参列するためには本堂や護持会館の近くまで送迎バスで乗り付けられるように曲がり切れない道幅を広げる必要がありました。

さらに印塔自体の傾きとずれがありましたので組み直すためにも宝篋印塔を移動する計画となりました。藩政期のままの道幅ですと、乗用車はようやく曲がることが出来る状態ですから致し方なかったかと思われます。そこで止むを得ず印塔を他所に移して道幅を広める工事を行うことが護持会で決定され、印塔は一旦解体されました。宝篋に陀羅尼や真言など短いものが入っている場合はよくありますが、印塔の下に一字一石経の大量の経石が埋納されているとは誰も想像していませんでした。それらの経石などが発見された経過について紹介しておきます。

十一　建立にあたった僧・見牛

建立の発起人は吉祥寺第五世住職大到見牛です。この人物は本寺の宮古市津軽石の瑞雲寺の住職にも就任しています。「略示」には瑞雲閑居沙門大到とありますので、瑞雲寺の住職を退任し、隠居地として吉祥寺に戻ってきたことがわかります。

赤浜の三日月神社の本尊として水戸の玉樹山羅漢寺の開山木食観海上人の念持仏であった厨子入不動明王立像を請来して安置するために大本山の総持寺（注45）や永平寺（注46）の輪番の住職（注47）も務めた八十七歳の見牛と吉祥寺八世住職萬丈鐵山（注48）と東梅社開闢観旭楼獨處定齋不臥持経沙門祖睛と署名した仏眼祖睛とともに開眼供養会を催し、導師を務めています。

二渡社縁起の祖睛の三印

安置の導師が津軽石の瑞雲寺の十二世住職、先の永平寺と総持寺の住職を再度務めた八十七歳の大到見牛老漢と菩提所吉祥寺住職の萬丈鐵山が供養の導師として満行までつとめあげたのが天明七年（一七八七）五月の吉祥日だったと仏眼祖睛が供養の筵で書き記し終えたとあります。仏眼と祖睛の朱印が鮮やかに捺されています。

この祖睛の署名からは東奥州に菅原道真公ゆかりの梅の社とも言える太宰府天満宮（注49）を大槌に勧請して開設した東梅社の敷地内の朝日が大変よく見えることにちなんだ観旭楼に一人住んで木食戒に定められた食物のみを口にして、横たわって寝ることがない、法華経などを真読、写経、説法などをしている出家者が戒律を守って精進を忘れないで修行し続けている姿を読み取ることが出来ます。吉祥寺の住職経験者の見牛は永平寺、総持寺の二総本山の輪番住職を再度務めた経歴を持つ長命な僧で、祖睛は老漢と称しています。

見牛と言う僧名は、仏教の十牛図という悟りに到る段階を牛との関係に例えて示したものです。「尋牛」と「見跡」のあとの三段階が、「見牛」で見性大悟を指すという説もあります。行において、その牛を身上に実地に見た境地だと説かれます。またさらに段階があがって五段階目の「牧牛」は牧庵鞭牛を思い起こさせます。本性を得たならば、そこから真実の世界が広がるので、捉まえた牛を放さないように押さえつけておくことが必要で、慣れてくれれば牛は素直に従うようにもなる説きます。大到見牛と牧庵鞭牛はこれに因む命名と考えられます。

見牛は閉伊街道など各地の街道を開削して藩から褒賞として、死去するまで扶持米を御蔵米から支給される生涯扶持を与えられた雞石山林宗寺（注50）の住職を務めた牧庵鞭牛（注51）の直接の師でもありました。鞭牛が道づくりに着手したのは旧街道沿いの橋野の古里から林宗寺がある中村までの道でした。最後の道づくりが師の見牛と一緒に行った吉里吉里坂の工事だったのです。大変な急坂として有名で、九十九折り坂で難所だと『三閉伊日記』（注52）などにも記されています。吉里吉里村の枝村である赤濱（現在表記は赤浜）へは船で半島を回るのが便利でしたが、この道のおかげで吉里吉里から赤浜まで陸路でも行けるようになり、安渡や大槌方面にも向かいやすくなりました。

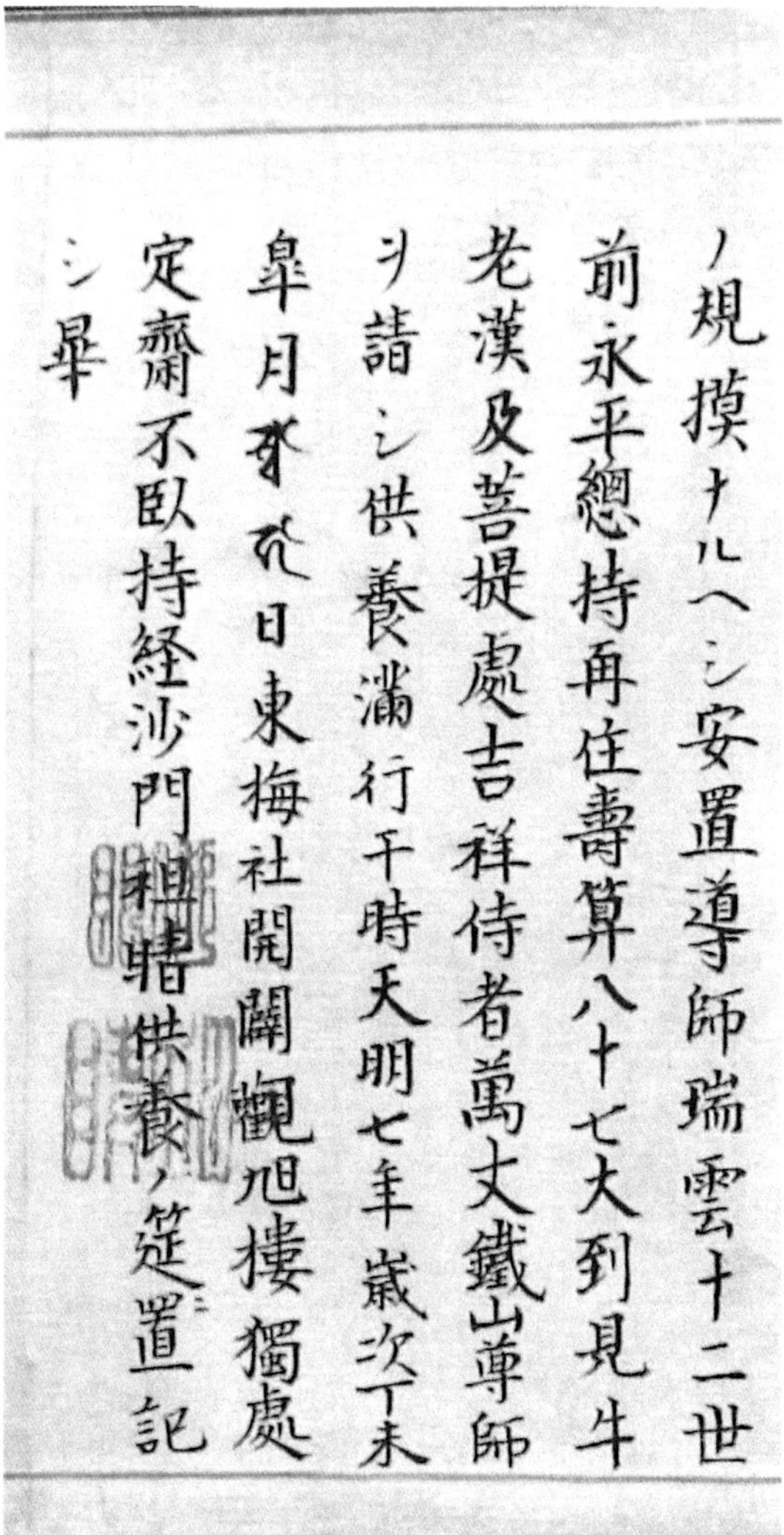
ノ規摸ナルヘシ安置導師瑞雲十二世
前永平總持再住壽算八十七大到見牛
老漢及菩提處吉祥侍者萬丈鐵山尊師
ヲ請シ供養滿行干時天明七年歳次丁未
皐月廿九日東梅社開闢觀旭樓獨處
定齋不臥持経沙門祖睛供養ノ筵置記
シ畢

三日月神社不動明王縁起末尾部分
大到見牛と萬丈鐵山と祖睛の名が見える
朱印は佛眼と祖睛

十二　祖睛と慈泉と五代富能

建立事業の助言者であり、協力者であったのが仏眼祖睛です。現在の釜石市橋野村の知行主の鶏冠井助左衛門（注53）の悪政を直訴して地元で処刑された義民の古里村肝煎嘉惣治の子孫にあたり、本姓は菊池です。『閉伊の木食　慈泉と祖睛』に、その系図が掲載されています。采女という人物の子の一人が、天和三年（一六八三）に死去した助十郎、もう一人が嘉惣治です。嘉惣治の子は、はつ、平十郎、佐兵衛の三人で、平十郎は、赤濱の岡谷氏の祖先となります。佐兵衛は、四日町の助十郎吉秀の養子となります。この助十郎は元禄十年（一六九七）に死去していますから、嘉惣治の兄弟とは別人物の助十郎でしょう。「古里屋」という屋号から考えれば、嘉惣治との血縁関係が全くなかったとは考え難いです。養子に入った佐兵衛子敏の子が武左衛門吉治です。その吉治の子が佐兵衛秀井と武助某です。兄秀井の号は伯里、出家して秀井慈泉と名乗ります。祖睛の兄ですから年上ですので伯を使ったのでしょう。里も古里からとったのでしょう。古廟山に観流庵を結び、諸国の霊場を巡礼して廻りました。四度目の行脚の途中、享和元年（一八〇一）に江戸で客死しています。この年は五代善兵衛富能が亡くなった年でもあります。慈泉は七十六歳でした。妻は善兵衛家分家の梅屋善右衛門の三女まんでした。武助は弟ですから年下ですので叔里、出家後は仏眼祖睛と名乗ります。東梅社観旭楼の楼主で太宰府の天満宮を勧請して東梅社を開闢しました。持経者として真読、写経、説法に勤しみました。文化三年（一八〇六）に自庵で亡くなっています。七十八歳でした。妻は釜石の佐野平右衛門の娘モンでした。子の子紀良助は俳号木兄で、文化九年（一八一二）に周防国玖賀村で病死しています。良助の子は武助を名乗り、俳号は木宰でした。また佐兵衛秀井の子佐兵衛治香、通称惣祐の俳号は古山、花暁でした。この姉妹（妹の可能性が高い）やすが、山口利記浄圓の弟佐助と結婚して古里屋の分家となったことなどを紹介しています。

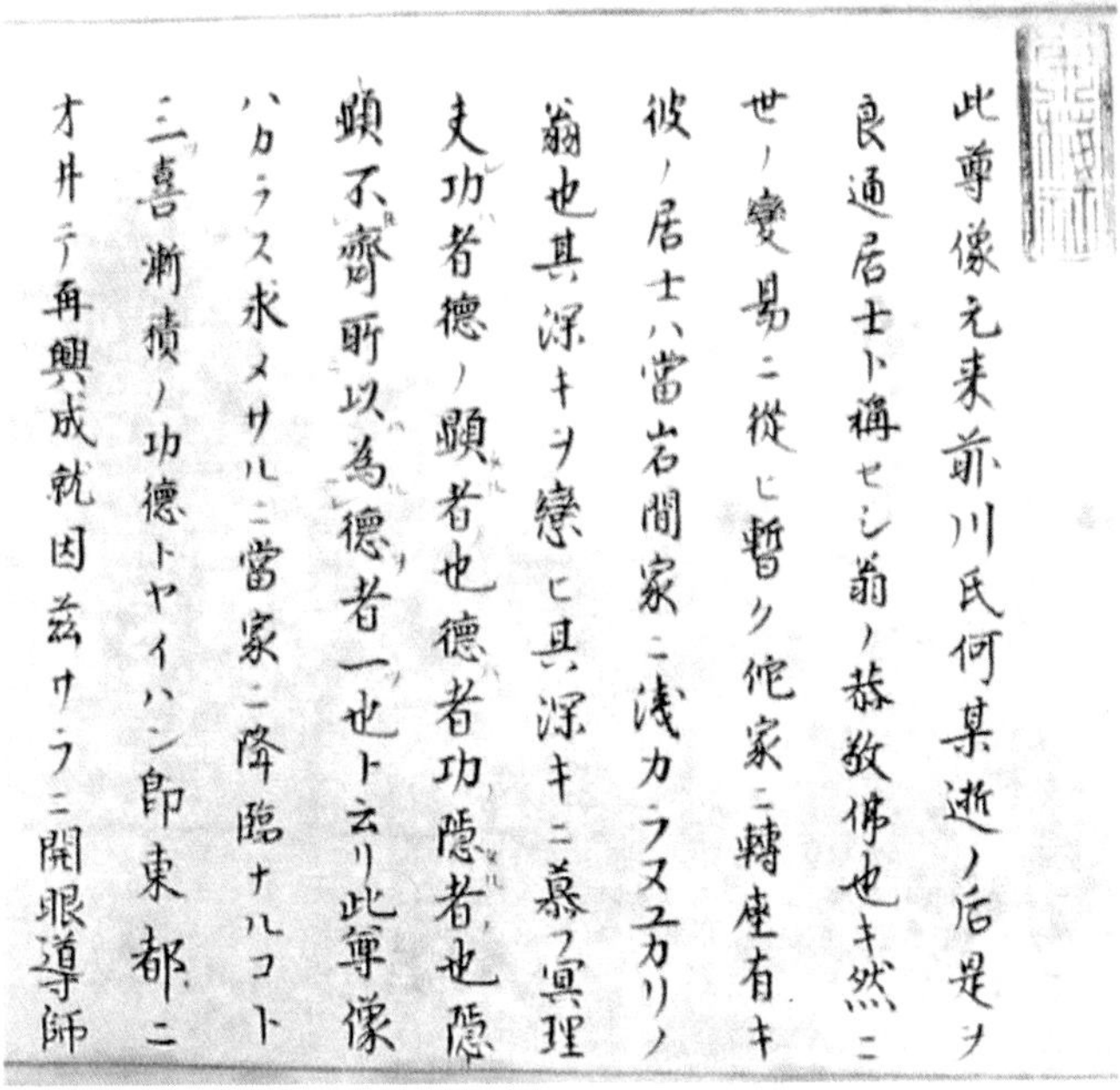
此尊像元来前川氏何某逝ノ后是ヲ
良通居士ト稱セシ翁ノ恭敬佛也キ然ニ
世ノ變易ニ従ヒ暫ク他家ニ轉座有キ
彼ノ居士ハ當岩間家ニ浅カラスユカリノ
翁也其深キヲ戀ヒ其深キニ慕フ眞理
夫功者徳ノ顕者也徳者功隠者也隠
顕不齊所以為徳者一也ト云リ此尊像
ハカラス求メサルニ當家ニ降臨ナルコト
三喜漸積ノ功徳トヤイハン卽東都ニ
オイテ再興成就因茲サラニ開眼導師

三日月神社辨財天像縁起の巻頭部分
右上に東梅社の朱印

良通居士こと善右衛門が信仰していた
辨財天が縁あって岡谷家で祀ることに
なったと紹介している

三日月神社蔵

長男平十郎は善兵衛家の最初の分家の梅屋善右衛門が面倒を見て一人前に養育しました。そのことは、岡谷氏系譜に記されていました。さらに岡谷家（注54）が別当を務める三日月神社には辨財天も祀られています。祖睛は、この像は善右衛門が信仰していた仏像だとあかし、岩間家（岡谷家）と浅からぬ縁の翁とは平十郎を独り立ちさせた善右衛門のことで、戒名が良通居士です。彼は三代助友の妹はなを妻としていました。平十郎の家系は菊池ではなく途中、母方の岩間を名乗った時期もありますが、現在赤浜在住の岡谷氏の先祖にあたります。三日月神社の再興者の一族でもあります。「蓬萊丸」と「妙見丸」という船を持ち、江戸との交易にも携わりました。化政期には岡谷、岡善と俳号を持つ俳諧に長けた当主を輩出しました。

次男佐兵衛は四日町にあった商家の養子になり、養育されます。その子孫として古里屋佐兵衛家に生まれた俗名武助は、兄で早くに出家していた秀井慈泉にかわって家業を継いだ若い甥を支えてながら、吉里吉里の前川善兵衛家の四代富昌に仕えて商売のいろはを学び、善兵衛家の業務で長崎、太宰府、大坂、京都などに立ち寄ります。武助が書家松下烏石（注55）に依頼した揮毫による「両社殿」（注56）は津波被害で劣化していますが、前川稲荷大明神に現存します。六代の善兵衛富長が奉納した制作奉納した「稲荷社」の扁額はやはり烏石の筆。これも厨川稲荷神社に現存します。

慈泉、祖睛、浄圓と富能が青少年のころに影響を受けた学問の師は寂照軒（注57）でした。肥後国熊本の出身です。永平寺、総持寺に次ぐ寺格を誇った岩手県奥州市の奥の正法寺こと大梅拈華山圓通正法寺の三十世住職東光良普が隠居後に大槌の人々に懇願されて、ここに居住することになり、寂照軒と名乗りました。彼が開いた塾は慈泉と祖睛の実家古里屋の菩提寺での見生山大念寺にありました。祖睛は、兄の古里屋菊池秀井やのちに親戚となる古沢屋山口利記(後の利記浄圓)とともに研鑽を積みました。後々の深い教養の原点は、この時期に培われたと考えられます。

見生山大念寺の善導、法然両像は寂照軒の三十三回忌のために造像されたもので、施主に古沢屋清助利記の名前と制作にあたった仏師が江戸人形町の安岡良運と刻まれている

見生山大念寺蔵

十三　三人の関係と二人の師

生井沢出身の山口利記は杉木立に囲まれた石段を数段登った杉森社という石祠を中心とした隠居所を持っていました。大念寺に所蔵される善導像と法然像は寂照軒の薫陶を受けた弟子たちが師の三十三回忌の追善で造像したことが像の背面に刻まれていて、利記が「古沢屋」という屋号であったことがわかる貴重な銘文です。彼の弟が慈泉の娘と結婚して古里屋の分家となっています。

古沢屋山口清助利記は出家後に利記浄圓と名乗ります。彼は水戸の玉樹山羅漢寺で観海を師として修業します。彼が三日月神社の不動明王に観海直筆の般若心経と宋順版（注58）木版不動明王経を奉納しました。その経過について記した『奉収経趣意』は浄圓の求めに応じて祖睛が撰文揮毫したものです。

祖睛が全国行脚する際に肌身離さず携帯していた過去帳には、一族の物故者が記されているのは当然ですが、学問の師である寂照軒（東光良普）の戒名と命日も記されていたことを考えれば師への尊敬の念が伝わります。

祖睛は兄慈泉の影響で、茨城県水戸市にあった玉樹山羅漢寺（注59）を開山した木食戒を守った恵忍観海上人（注60）に遭っています。直弟子になった記録は確認できていませんが兄と浄圓は弟子入りして直接に感化を受けたことがわかっています。彼は出家後に木食戒を授かり入滅まで木食戒を守り続けたことから祖睛も短期間でも直接指導を受けた可能性が高いと考えられます。観海からの賜りものを多く所有していて、縁ある人々に分け与えています。そのことからも祖睛が観海に師事した証となると考えます。

津波によって滅失した文化財が多いなか観海上人から下賜された扁額、経典、陀羅尼などは大槌町内に受け継がれて伝わっています。慈泉と祖晴と浄圓は若くして寂照軒から学び、成長後は観海から感化を受けたと考えられます。三人は二人の師に恵まれてその後の事績を残したとも言えます。

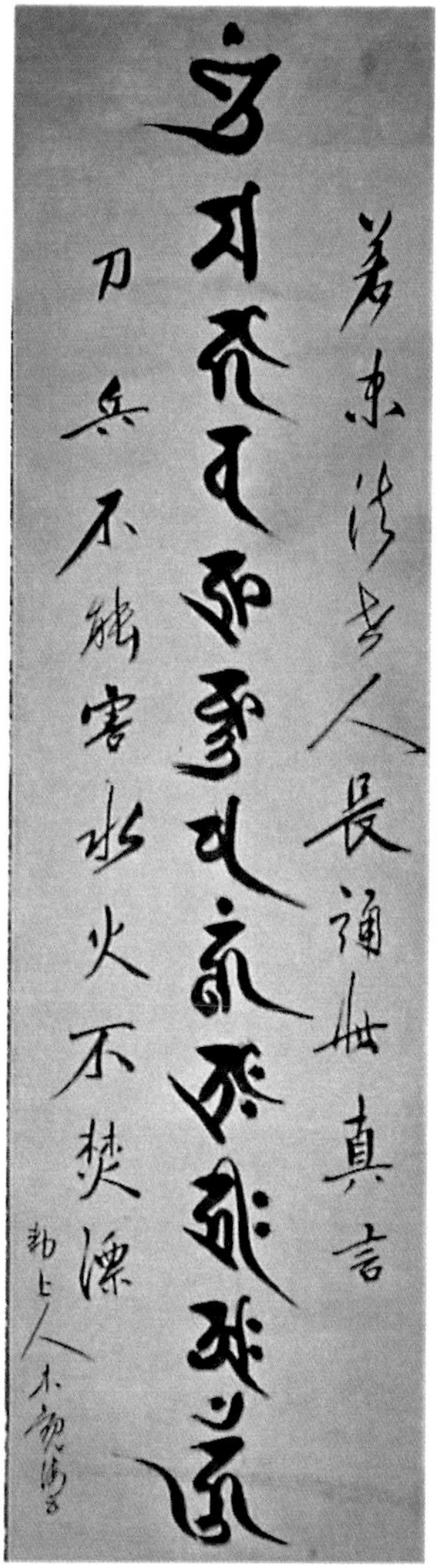

善兵衛家蔵　観海揮毫三行書真言
勅上人木観海書　　　善兵衛家蔵

十四　観海の筆跡

大念寺の扁額「祈祷」や三日月神社の「般若心経」に加えて、前川善兵衛家が屋敷神として信仰した弁財天と稲荷神を祀る両社殿の前にあった籠場になり、普段は礼拝場所となる付属屋の長床に懸けて拝んでいた観海直筆の観音経にちなむ書は中央は種字で書いた真言で、左右は漢字で利益が記された一軸があります。東日本大震災で津波の被害を受けましたが、文化財レスキューで安定化処理が済んだものを善兵衛家が修復しましたので後世に伝えることが出来ます。

実は観海上人から木食戒を受けた僧侶に甲斐国出身の木喰明萬仙人がいます。彼が四十五歳の時でした。五十六歳からは全国を遊行して仏像を彫り続けた僧です。柳宗悦が「驚くほどためらいのない大胆で自由な鑿さばき」と驚嘆する微笑仏を彫り続けた彼は、東北地方各地にも仏像を残していますが、享保三年（一七一八）生まれで、文化七年（一八一〇）に死

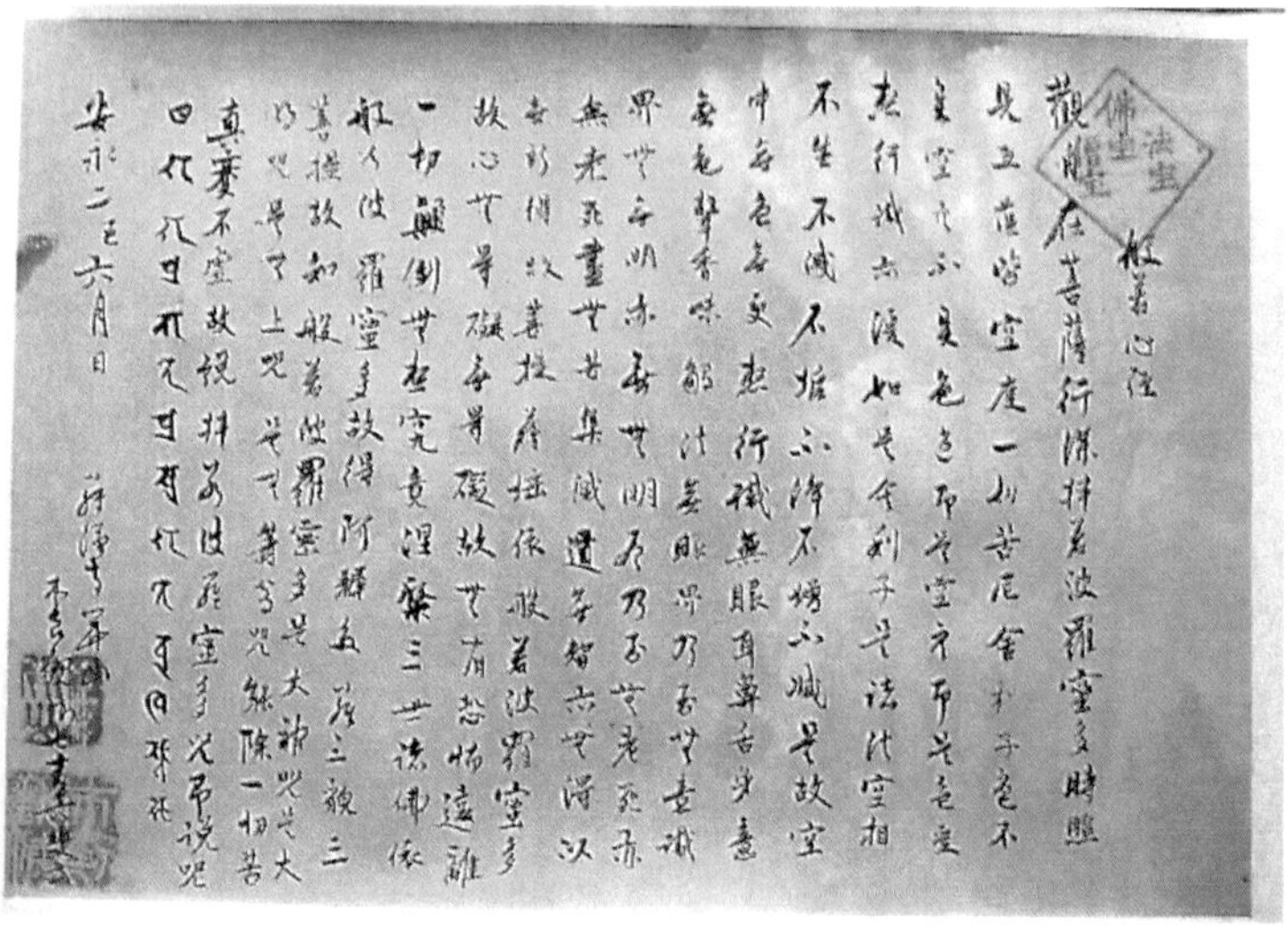

三日月神社所蔵　羅漢寺開山観海筆　般若心経

去していますから、慈泉や祖睛や浄圓と兄弟弟子であるとともに、ほぼ同年代に活躍しています。大槌を訪ねて数仏彫っていてくれてもおかしくなかったわけです。残念ながら彼の残した日記や足跡に大槌に来た形跡はありません。

十五　宝篋印塔の形態

通常の宝篋印塔は最上部の相輪が長く宝珠が載りますが、吉祥寺のものは九輪状の相輪や四隅の馬耳状の隅飾りはありません。笠部分は階段状ではなく五輪塔のような大きな一枚の笠からなります。塔身の四面には西が阿弥陀如来、東が薬師如来、南が釈迦如来、北が弥勒如来となるか、金剛界四仏である北が不空成就如来、東が阿閦如来、南が宝生如来、西が阿弥陀如来などの種字(梵字)かあるいは、その如来の浮彫が刻まれていますが、そのようなものはありません。代わりに横長方形に四隅角切の彫り込みの中央部に卍が四方ともに彫られています。石塔の臍穴から発見された宝篋の蓋板と底板が残っていましたが、底板裏にも卍が記されていました。

基壇部分は階段状の三段などには加工されずに大石二石で下壇をなし、その上に一石で上段の二段組みとなっていました。その下が平たい大きな石をやや加工して蓋のように基壇下に被せてある状態でした。(注61)岩手県北部から青森県東部にかけては、九戸政実の乱の際に自刃あるいは戦死した九戸方についた武将ら小豪族の墓あるいは供養塔と伝わる小型の宝篋印塔が散見されます。一戸町の宮田の宝篋印塔は県指定文化財ですし、同町の姉帯馬場や小姓堂の宝篋印塔は町指定文化財です。

軽米町のダム建設による水没を避けて歴史民俗資料館に移され展示されてる水吉の宝篋印塔も九

戸の乱の敗者の供養塔と伝えられます。久慈市でも鳥谷(とや)や日野沢の十基ほどが確認されています。

青森県三戸郡南部町の三光院にある南部信直夫妻の墓も形状からすればもともとは宝篋印塔だったと考えられます。青森県の指定文化財の相当する青森県重宝です。宝篋印塔自体も数か限られますが、形状が特殊であることと、一字一石経塚とセットで発見されたこと自体が珍しく大変貴重です。素焼きの甕二口と肥前産陶磁器(伊万里焼)の蓋付器がほぼ埋納当時のまま見つかったこと。その周辺を無数の経石が固めていたこと。墨書と漆書の二種類があることなど、今後引き続き調査をしていかなければなりません。

十六　宝篋印塔陀羅尼経

正式な名称は一切如来心秘密全身舎利宝篋印陀羅尼経です。先祖や父母などが地獄に落ちていたとしても子孫がこの印塔を礼拝して陀羅尼を唱えれば極楽に生まれ変わる、あるいは悟りへの道が開け、罪障を消滅して、寿命長養(健康で長生き)の功徳があると説かれています。

中世には舎利に見立てた籾粒を包んだ木製の宝篋印塔や、奈良市の元興寺極楽坊から発見されたもののように木製宝篋印塔には死者の骨の一部がはめ込まれて追善供養に用いられたことも知られています。死者の供養と直結した信仰と考えられます。吉祥寺の印塔内の宝篋には何が入っていたか、土砂以外で形状からわかるものは発見されませんでしたが、もう一段深まったところから寛永通宝二枚が見つかりました。宝篋のなかに入れられていたものかも知れません。

十七　祖晴の人となり

仏眼祖晴は、現在は市街地の中心地となっている「おしゃち」の生みの親です。江戸中期には荒れ地だった場所を買い取り、整地して東梅社を開設します。湧水を利用して中央には池が穿たれ小中島には滋賀県の竹生島の都久夫須麻神社になぞらえて小祠に弁天様を祀っていました。享楽、弁舌、財富、知恵、延寿などの女神で頭上に白蛇を載せ、前面には鳥居を付けて、宝冠を被り一面八臂の形をしたものが多いです。持物は弓、箭、刀、矟(さく)または矛。斧、長杵、鉄輪、羂索で、鎮護国家の戦神とも言えます。

これは明治初年の神仏分離令までは広島県の厳島神社の本殿に祀られていて大願寺に移された弁財天や神奈川県の江の島の弁財天などを拝観、見聞した経験から安置したものと考えられます。竹生島は食物神の宇賀神（稲荷とも考えられる）や舟運業などで信仰される八大龍王（水神）も合わせて祀っています。厳島弁天の使いは龍神でした。

この像は、三代助友と梅屋善右衛門が造像させたものです。厨子裏には、宝永四年（一七〇七）歳次丁亥十一月とあります。もとは珊瑚島に祀っていたものを二渡神社のものと交換し、二渡に移してから修理して前川稲荷に移したものです。東日本大震災で津波を被って土砂や海水を被って劣化が進んでいたため、現在、住友財団による文化財修復事業の補助事業で修復中です。

前川稲荷大明神蔵厨子入辨財天像並十五童子像(修理前)

この東梅社の北面には皐月や躑躅をはじめとして四季折々の花木が咲き継ぎ、途絶えないように植えられていて見事だったと伝えられます。観旭楼と名づけた庵は楼と言いますから一部、二階建てだったのでしょう。朝日と大槌湾の反射光が眩しいのは現在も同様です。納得のいくセンスある命名です。窓辺には柳の木が揺れていましたので柳下窓と彼は署名します。庵の窓からは柳のそよぎが見えたためです。窓は明障子の花頭窓だったでしょうか。この場所の中心となったのが、太宰府天満宮を勧請した東梅社です。当時の岩手県あたりは東奥あるいは東奥州と呼ばれていました。その両槌巷(大槌と小鎚で町場を形成している：地元では町方という)に、「東風吹かば　匂ひ起こせよ　梅の花　主なしとて　春な忘れそ」の歌で有名な、梅をこよなく愛した主人の死後に、京都のもとの邸からゆかりの梅が太宰府まで飛んで行ったという飛梅伝説を残した菅原道真公ゆかりの社なので東梅社と名づけたのでしょう。現在、御社地とかいて「おしゃち」と地元住民から愛される憩いの場は東梅社の跡地をさす呼称です。

中国各地の霊場の土砂を長崎に持ち込んでいた中国人から分けてもらい、西国三十三箇所や四国八十八箇所のように日本各地の霊場の土砂も集めて埋めた上に円状に加工した礼拝石を設けて、この上で礼拝すれば、実際にその霊場を訪れなくても、その地を巡礼したような功徳が得られると教えて、地元住民への信心を勧めた礼拝施設とも言えます。廻向文の「願以此功徳　普及於一切　我等與衆生皆共成仏道」を実践している活動です。

このように積み重ねた精進によって得難い御利益をすべての人々に満ち渡らせて、私たちはみな等しく一緒に悟りの道を歩み続けられますように実践をしていたことに他なりません。庵名は兄の古廟山観流庵を意識して名づけられたことがわかります。古廟山は、南部守行(注62)が流れ矢にあたって戦死した際に、一旦埋葬した場所だとも伝わります。観流庵は小鎚川の流れを観ると言う意味でしょう。

弟の観旭楼が一部二階建てだったであったことが、曹源寺所蔵祖晴筆大般若経の書き込みからわかります。大雨が続き、洪水で観旭楼の一階が浸水しても日課である写経を何事もなかったかのように場所を二階にかえて写経を続けていたところに、親戚が駆けつけて避難を勧めにきたと記されていたからです。これで二階があったことがわかります。彼の活動はこのように経典の書き込みのおかげである程度知ることが出来ます。妙法蓮華経の真読と書写を重ねて持経者と名乗っていました。このほかにも大般若経や正法眼蔵（注63）の書写にも取り組んでいました。正法眼蔵は、曹洞宗大本山総持寺の什宝として保管されています。柳下窓とも署名に添えたことも前述しましたが、加えて不炊不定不臥とも記します。決められた時刻に蕎麦掻みたいなものを食べます。お湯で粉を練って固形にしたものですから、炊いてはいないわけです。

米や麦などの五穀を炊くことなく、決められた物以外は口にせず、食する時刻も決まっていたということです。不定は居所が定まっていないことですから、諸国の霊場などの巡礼が基本であって、庵はあくまで仮の住まいといった意味になるのでしょうか。不確かな、定まらないという意味なのかも知れません。不臥ですから、座ったまま眠るのでしょうか、床に布団を敷いて横になっては寝ないと言うことでしょう。他には杜多(ずだ)（注64）や抖擻(とそう)（注65）と署名しますから、衣食住への執着や欲望を捨てて仏道に専心するという意味ですから、真読、書写、写経以外は、地元住民の信仰や生活に関する相談にも乗っていたことがわかります。大般若経（注66）六百巻は現在、鬱金染め（注67）の布に包まれた状態ですが、祖晴は実家の菊池家はじめ親戚に結縁を求めて、納経する厨子の製作費用を分担してもらっています。その厨子に書写が終わるたびに奉納安置したとありますから、この厨子が現存すればもっと彼の日常の活動が垣間見られたに違いありません。

東梅社の「開建の碑」にはキャという種字が刻まれていました。残念ながら津波で流出してしまいました。キャは十一面観音菩薩の種字ですから、東梅社内に十一面観音菩薩が祀られていたことが想像できます。震災に遭いながらも救出修理された紙製で円形に作られた明神丸の船魂（舟玉）にも、墨で種子が放射状に書かれ、頂部にだけ朱墨でキャと記されていました。善兵衛家の持ち船が安渡から出航する際には圓應院の管理していた無量山観音と呼ばれた現在大念寺所蔵となっている十一面観音菩薩や、鵜住居観音堂の御本尊の十一面観音菩薩を参拝して海上安全や商売繁盛などを祈願していましたから、観音信仰が根付いていたことがわかります。弁財天の本地仏は観音菩薩であることにも関係しているのでしょう。

藩政期の鵜住居観音堂の別当はご開帳時の拝観者に対して観音菩薩立像の掛け軸を印施していました。三十三年に一度の御開帳となる秘仏でしたから印施（注68）掛図の図柄は聖観音。歴代の奉納幟も観世音菩薩とありますから、本来は十一面観音ですが、聖観音だと思い込んで信仰していた人々もいたと言うことです。本物は奈良県の真言宗豊山派総本山長谷寺のご本尊を模した長谷式の十一面観音菩薩（注69）です。

食物の神、宇賀神（注70）を祀る稲荷社が多いなか、一面八臂の頭上に鳥居を冠する宇賀弁財天を信仰するようになり、稲荷と弁天は智慧と健康長寿と商売繁盛や五穀豊穣と大漁によって福徳を与えてくれる神様として信仰していくようになります。修験道が盛んだった大槌通は羽黒派を中心に不動明王への信仰も盛んでした。洞の宝明院の不動明王像幷二童子像は、祖睛が世話をして江戸の有名仏師安岡良運に制作させ、東梅社で仏像に魂入れの儀式・開眼供養会を行って、大槌と小鎚のすべての修験者による練り供養によって現地まで運ばれ安置されました。このことも大般若経の書き込みによって知られています。従って東梅社の敷地内には、様々な神仏が菅公天神様と一緒に祀られていたのだということがわかります。これらのことも遠野市上郷にある、滴水山曹源寺（注71）に所蔵されている祖睛筆の遠野市指定文化財、大般若経六百巻の各所にある書き込みによって知ることが出来ることもこの経典の歴史的価値を高めます。大変貴重な史料です。「おしゃち」には「南無妙法蓮華経」碑と礼拝石と祖睛の入定窟が残りますが、その意味や意義は現状のままでは全く伝わりません。入定窟の石が露出しているままにしておくのは、祖睛の活動の顕彰と保護対策は急務です。

十八　博学才頴（はくがくさいえい）な祖睛

三日月神社に祀られ信仰されている不動明王像と弁財天像の由来について記したものや、古沢屋こと山口利記浄圓が不動明王に奉納した観海上人直筆の般若心経と宋順版木版不動明王経を奉納した経過についてまとめた『奉収経趣意』に見える用語と文章はその博学才頴さをよく表しています。同じく三日月神社に現存する『天神御遺訓』の拓本は、石碑そのものが津波で流出して失われた現在、大変貴重な資料です。この拓本と、劣化にともなう剥落で判読できない紺紙金泥による『天神般若心経』の文言は、六斎日に六波羅蜜の実践を説いています。祖睛の真摯さや民衆を思い遣る慈愛に満ちた表現が多く用いられています。親孝行については二つに共通します。

前川稲荷大明神に残る童女の疱瘡除けの祈願札は天平七年の天然痘の大流行のことも知っていて

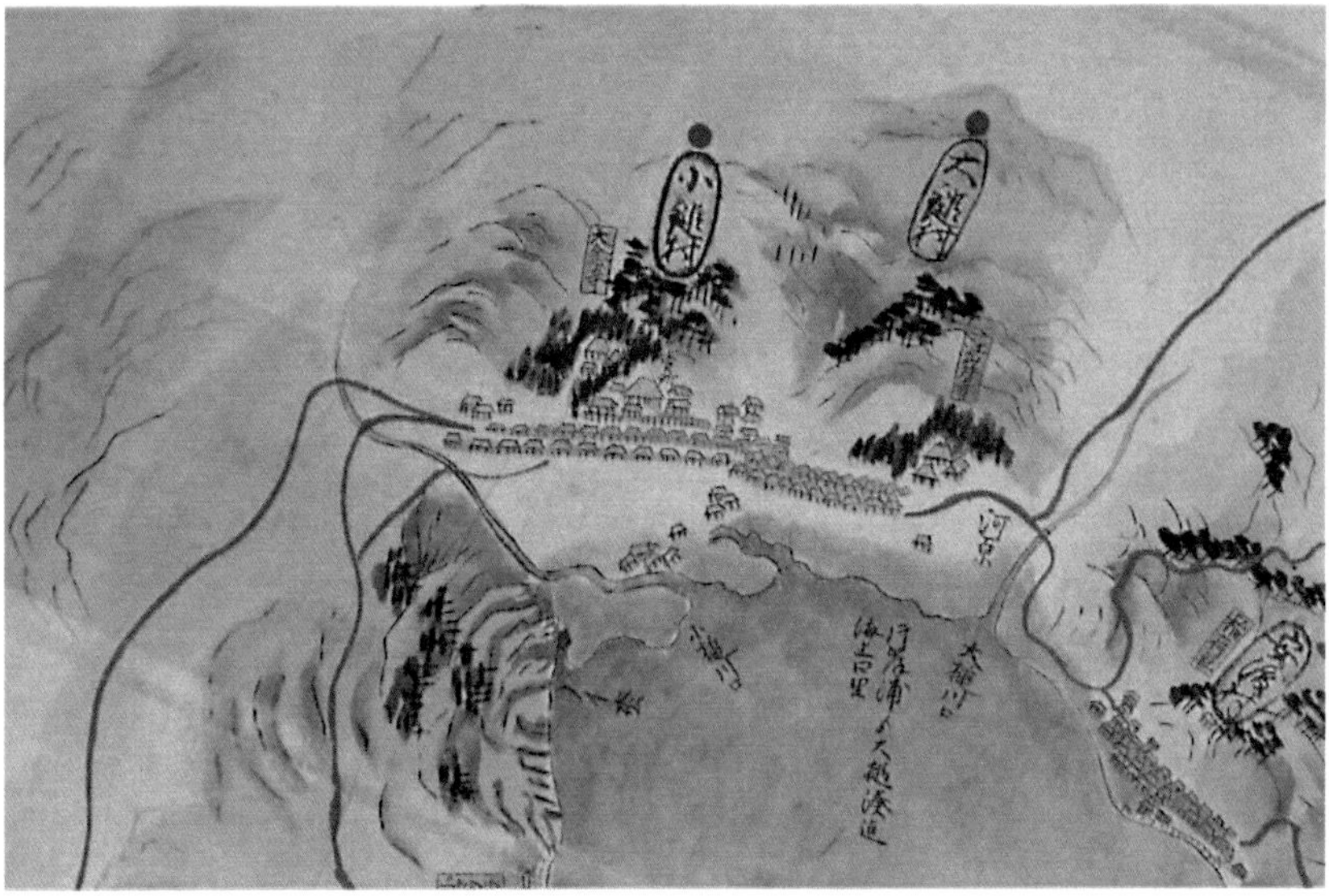

現在の大槌町の中心部の安渡、大槌、小鎚の三村
江岸寺、代官所、大念寺と街並が描かれている
岩手県立図書館蔵　佐々木藍田が描いた絵図

見事な筆さばきで、和歌を記した散らし書きなどほれぼれします。

　これらの教養は、幼少期から始まって青年期に至るまで、商売や信仰にかかわって旅する先々で、好奇心を持ち、また探求心の強さから、学問に熱心で、鄙には稀なる知識と経験を積み重ねた、温厚篤実で柔和な姿を想像させます。東日本大震災で流出した慈泉と祖晴の木造肖像彫刻の写真を見ますと兄は厳しい表情をしていますが、弟は柔和です。やはり流出した勝川春草肉筆の祖晴画像も大変素直で温厚さと奥ゆかしさを感じる表情をしています。

歳次が普通なのに龍集と
書き、天平八年から疱瘡除
けのことなども記している

祈願札の上部は結界に削
られている　門に打ち付け
た釘痕が残っている

写真は田口弘明氏提供

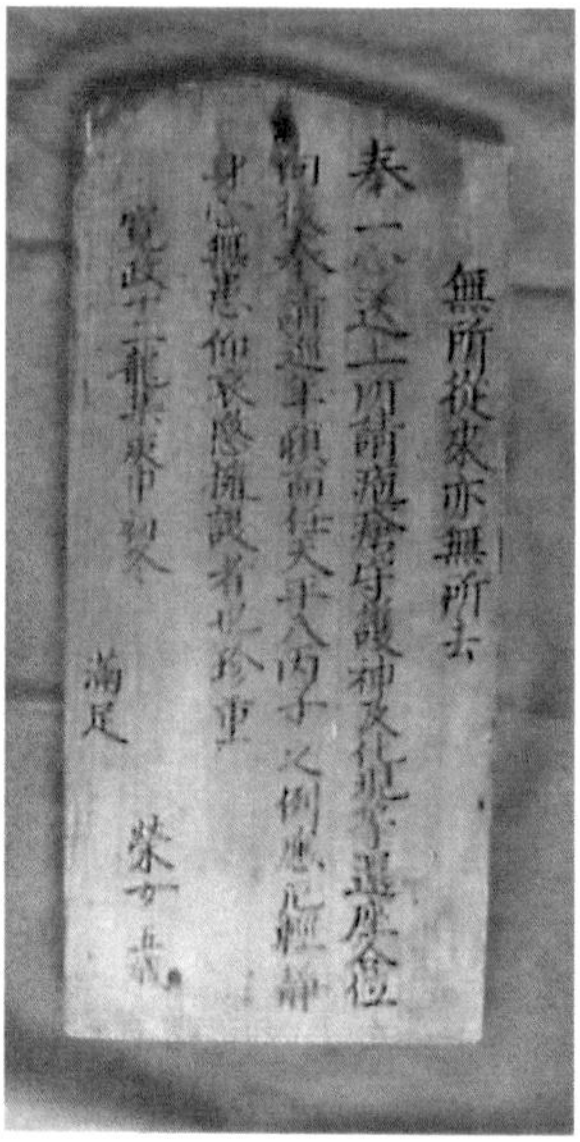

寛政十二年疱瘡除
祈願札には和歌が
記されている五歳
の前川榮のために
祈祷している

祖睛は七十二歳

十九　生駒宝山寺や奈良西大寺とのつながり

祖睛の活動は、真言律宗の総本山西大寺（注74）中興の叡尊上人の「興隆仏法、利益衆生」の精神を彷彿とさせます。在家にある親戚は勿論のこと、地域の住民たちの相談に乗って、示唆に富む解決方法をもたらすことが行動の根底にあります。仏教を広めることで、すべての人々を幸せにしたいという願いが彼の心にあったからでしょう。調査研究が深まれば、もう少しわかることがあるかもしれません。

奈良県生駒市の生駒聖天の宝山寺（注75）を興した湛海上人の十万枚護摩供養や木食戒などは祖睛との共通性が見られます。護摩木や祈願札の灰を用いて灰仏を作る金型が宝山寺に残されています。不動三尊形式と不動独尊形式の二つです。独尊金型で作られた灰仏の一体が観海が作らせた三日月神社の不動明王像の胎内から発見されました。湛海と観海は二人とも木食戒を守り、熱心な不動明王信仰者です。真言を唱えることを広め、木食戒だけではなく様々な戒律重視の姿勢も共通します。年代的にはぎりぎり晩年の湛海に観海が直接弟子入りした可能性は残りますし、晩年であったため湛海の直弟子に観海が弟子入りしたと考えれば、不動明王信仰と十万枚護摩供養、灰仏、木食戒は湛海から観海に伝えられたと考えても無理がありません。それは慈泉、祖睛、浄圓の三人にも共通します。ですから、湛海↓観海↓祖睛という法流が成立すると考えていいのではないでしょうか。

宝山寺は真言律宗に属しています。その総本山が西大寺です。西大寺の不動明王像と宝山寺の御本尊で不動明王像も湛海作ですから、叡尊の「興隆仏法　利益衆生」の考え方が祖睛に受け継がれていったと考えることもできます。

宝山寺本堂

貞享五年（一六八八）、梶金平一雄（郡山藩家老）、梶民部一貞父子が施主となり、大阪の日下利左衛門一法がこれを助け、富雄三碓（奈良市）の庄屋大神和家が奉行を勤め、延宝八年（一六八〇）建築の仮本堂を現状のように建て替え、根本中堂とした。

五間四面、重層の護摩堂様式。寶山寺創建当時の威風を残す唯一最古の建造物で、本尊は湛海律師作、不動明王像。上層軒下の「阿遮羅場」（不動堂の意味）と書かれた額は明和五年（一七六八）、東寺学頭大僧正賢賀の筆。本堂は梁行五間、桁行五間半の規模。本堂後方に聳える山の岩屋が般若窟で、山の総称は朝日嶽である。

本堂における護摩祈祷の護摩木は本堂受付に申し込めばよい。

生駒山宝山寺ホームページより本堂と般若窟

湛海は若い頃、乞われて富ケ岡八幡宮の神宮寺の永代寺を再建していますから、ここでの弟子や関連業者を通じて、常陸から出てきた観海が、湛海の存在を知った可能性があります。仏師安岡良運は人形町長谷川丁に住んでいましたし、書家三井親和はこの深川に住んでいて、深川親和と署名し、印に富賀岡というものも用いていました。

真言律宗総本山　西大寺ホームページより
手前が塔跡の礎石　奥が本堂
「興隆仏法　利益衆生」の叡尊上人が鎌倉時代に再興した　仏眼祖睛の行動の一つの原点となった寺院

二十　宝篋印塔陀羅尼経の内容

正式名称は一切如来心秘密全身舎利宝篋印塔陀羅尼経といい不空三蔵訳などが一般的です。マガタ国の無垢園の宝光明池のほとりで釈尊（お釈迦様）が説法をしていて、あるバラモン（注76）の招きに応じて供養を受けに行くことになり、その途中に瓦礫に埋もれ、草に覆われて朽ちてしまった塔を釈尊は見つけます。不思議なことに塔のまわりからは大いなる光明が放たれて、妙なる声が聞こえ、「善きかな、善きかな。」と釈尊と招待したバラモンを讃えたと説いています。釈尊は塔を右に三回廻って、自分の袈裟を脱いで塔の上に被せて、はらはらと涙を流した後に、微笑まれました。その時あらゆる方角の諸仏たちも涙を流し、光明を放って塔を照らしました。そこで金剛手菩薩がこの不思議な瑞相についての意味を釈尊に尋ねます。この塔は如来の舎利から出来ている宝塔だから、如来そのものと同じなのだよ。その功徳の一つは、塔の礼拝によって罪障や災厄が消え、来世はみほとけのもとに生まれ変わることが出来る。二つ目には、罪人が死後に地獄に落ちて絶え間ない苦しみにのた打ち回っていても、子孫が亡者の名前をあげ、この陀羅尼（注77）を七遍唱えれば極楽に生まれ変われると説きます。続いてこの塔こそが、我々衆生が本来持っている菩提心そのものなのに、様々な欲望からなる煩悩という草や瓦礫によって、その塔は覆い隠されてしまっているのだよ。と話されました。

このことに対して釈尊は涙を流されたのであり、そのことに気づいて修行をして功徳を積めば、本来の光を放つようになる希望が見えたので微笑んだのだよとも話しました。宝篋印塔を礼拝して陀羅尼を唱えて先祖を供養することを通じて、悟りを得ようとする心を起こすことができるのだよ。（発菩提心）塔の中には宝篋印塔陀羅尼が収められていて、陀羅尼の唱え方を説いて、功徳を積むことを勧

左は護持院僧録大僧正隆光の供養塔は五輪塔：唐招提寺西方院
右は鑑真和上御廟の宝形印塔：唐招提寺開山御廟

めているわけです。

宝の篋（はこ）よ、開いて作用せよ。塔の前で一礼して塔を右から一回廻りなさい。また右から三回廻って三礼すればさらによいというようなことが説かれている経典です。

写真右は奈良市の律宗大本山唐招提寺の鑑真和上墓にある宝篋印塔です。同じく唐招提寺の西方院にある隆光僧正の供養塔は五輪塔形式です。

二十一　発見状況

印塔自体は、最上部から慎重に一つずつ順番に大きな石が外されて、解体が済みました。石と石との接合部分の凹凸の凹にあたる臍穴からは蛇紋岩の平石に墨書した一字一石が発見されました。残念ながら蛇紋岩は剥離しやすく割れやすいため文字の判読が出来ないものがたくさんあります。全部で石の数は約四百個でした。石と石の間の臍穴が土砂で埋まっていた部分からは宝篋と思われる部材が発見されました。底板と蓋板と数本の木釘らしきものが見つかりました。何かを入れていたのでしょうがこれだと特定できる固形物はなく、何が入っているかはわかりませんでした。黒土だけが詰まっていました。その臍穴のもう少し深まった所から銅銭の寛永通宝が二枚発見され、劣化が進んでいます。地面に最も近い初層にあたる大きな二石をあげるとさらに大きな一枚板状のほぼ円形の蓋のような大石がありました。この大きな蓋石の下には金光明経と思われる一字一石が土砂と一緒になって埋納されているのが発見されました。印塔の下に一字一石経塚があったと言うことです。この石はほぼ円形ですので、おそらくこの石を踏まないように周囲を回るように教え、当初はそのように礼拝させていたのでしょう。この大きな蓋石も徐々に土砂に埋もれて、塔の礼拝の仕方も伝わらなくなったということだと考えられます。

これらの平小石の経石に墨書痕はわかりますが、判読できるものと、判読困難なものと、完全に文字が消えているものに分けて何品にあたるかを特定するには時間と人手をかけないと特定できないと思います。石自体は浪板海岸の石です。

南側にあき、三方が石壁になっている　後方にトラックと人間が見え大きさがわかる　　つつみ石材提供

二口の甕向って左が般若心経　右が金光明経
左丸み蓋のほうに肥前産蓋付鉢が入っていた
つつみ石材提供

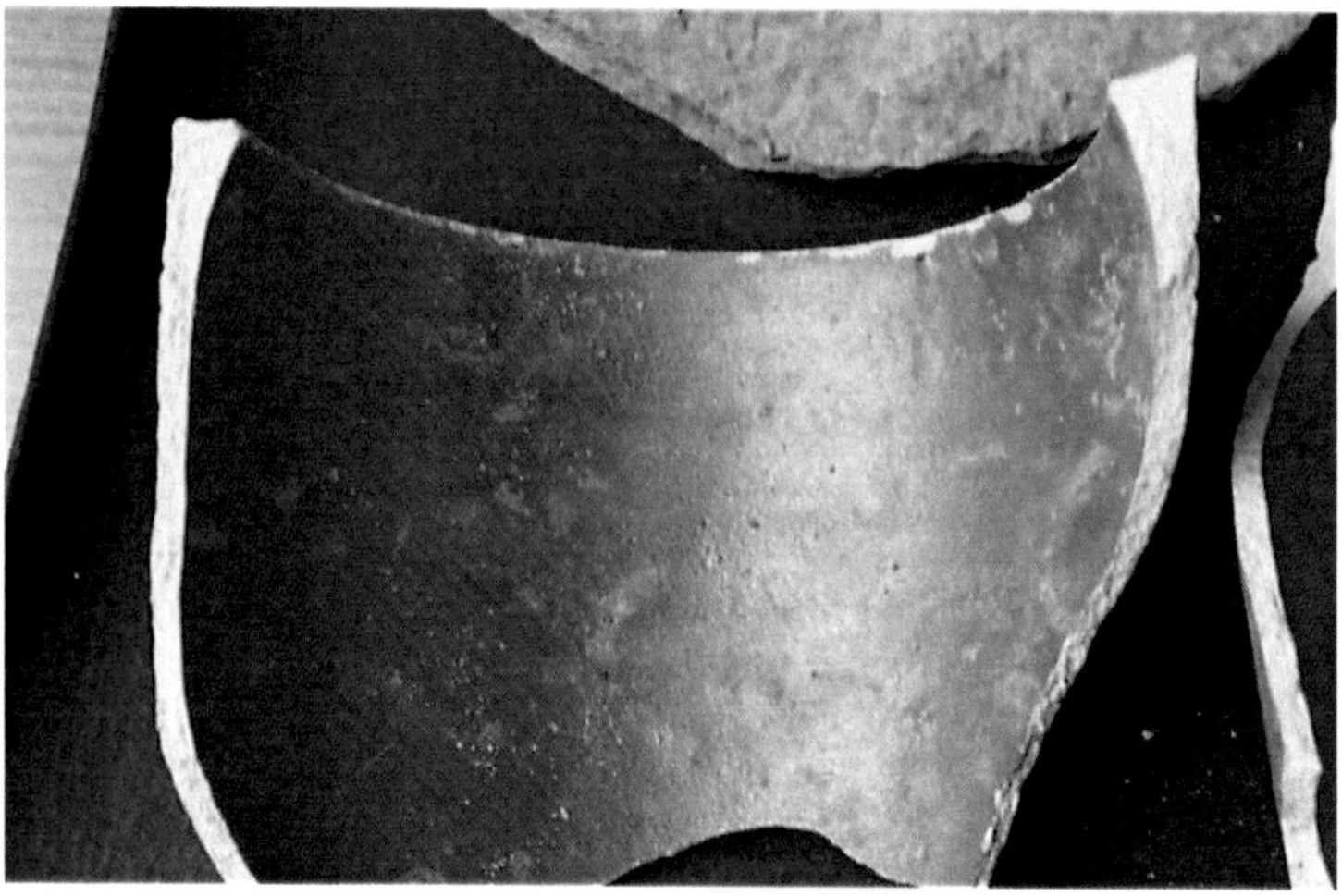

割れてしまった甕の状態

もう一口の甕も輝が入っていた

その中心部に南以外の三方を大石で組み石室を造り、手前は経石と土砂によって塞いでいました。ここに二つの甕があり、般若心経の甕に陶磁器が入っていました。岩手県立埋蔵文化財センターの見立てですと、十八世紀後半から十九世紀前半の肥前産の蓋付鉢。蓋の紋様は松、胴部は櫛歯で少々雑な描き方です。

埋納は安永四年（一七七五）ですから、年代的には合います。長崎貿易の輸出品である俵物の産地・大槌は肥前産陶磁器が入手しやすい場所でした。

肥前産蓋付鉢
上　文字は消えている白石に宝の文字が見える
下　脇からみた蓋付鉢胴部分　花と櫛歯紋

経石は、浪板海岸の石だと地元の檀信徒の皆さんが口を揃えて言います。金光明経の入った一口には白茶色の石を口径部に揃えて円形状に加工しています。表面には右に年号。左には月日と中央には般若心経と金光明経と朱墨あるいは朱漆で書いたものが微かに見え、摩耗していてほとんど見えない状態です。蓋裏には蜂の巣の痕跡が五つ残っていました。こちらの経石は漆書です。直接漆で書いたものと墨で書いてその上に漆で書いたものもあります。この一口に十巻からなる金光明経はとても入りません。おそらく辨財天女品陀羅尼（注78）などを、どこか一品を書写して納めていると考えられます。

甕が割れてしまったもう一口は、自然石の漬物石のような花崗岩（注79）が蓋として被せられていました加工はしていません。こちらは漆書か墨書かはっきりしませんが見牛の筆跡に似ています。月日の部分だけが微かに見えます。こちらの中身が墨書きされた般若心経でした。

蓋付鉢内の蛇紋岩（注80）の小石には文字は見えません。白く塗られた感じの石に墨で宝と書かれた一石と一緒に入っていました。塔内から発見された臍穴に合わせて円形状に加工された蛇紋岩は、上と下だったのでしょうか二枚あって、うっすらと安永の年月日が両脇に中央には般若心経と金光明経と読めます。蛇紋岩は割れやすくほぼ中央から半分に二枚とも割れています。この石に挟まれて蛇紋岩の小石に文字が墨書されていました。剥れがひどく約四百枚の蛇紋岩の平小石が入っていました。

般若心経を墨書で一口。金光明経の一品をもう一口に漆書で納めていました。品の特定はこれからになります。

金光明経の蓋石は朱墨か漆書か、右から安永・般若心経・月日などの文字が微かに読み取れる

左端に漆書で月日は微かに確認出来る　外は読めない

二十二　二つの経典

金光明経は、四世紀末から五世紀に存在した北涼の曇無讖が漢訳したものが最初で四巻ものでした。その後、七世紀から八世紀にかけて活躍した唐の義浄三蔵訳の『金光明最勝王経』が十巻ものとなります。『大唐西域記』で有名な玄奘三蔵が憧れた人物です。天武朝からは、法華経や仁王経とともに護国経として鎮護国家のためになくてはならない経典でした。兵乱、自然災害、疫病、飢饉などに苦しんでいた聖武天皇は国ごとに国分寺と国分尼寺の建立を命じ、金光明最勝王経を備え、法会を営むようにさせます。東京や奈良国立博物館などには国分寺経と呼ばれる紫紙金泥仕上げの十巻もので、奈良時代の金光明最勝王経が保管されています。国分寺の五重塔に備えなければならない経典でした。総国分寺としての東大寺の正式名称は金光明四天王護国之寺ですし、総国分尼寺の法華寺の正式名称も法華滅罪之寺です。今日、四十七都道府県に二つずつ大伽藍を数百億円かけて造立したと想像してみてください。国家安康、国民安楽のために、国民の平和と安全のためにとも言い換えることが出来ます。そのことにどれだけ腐心していたかわかります。

般若心経は、玄奘三蔵訳の『摩訶般若波羅蜜多心経』にあたると考えられます。大般若経六百巻を短文に集約したもので大乗仏教の根本を端的に表したもので「空」の概念や教えを、舎利子と観音菩薩の問答形式で進んで説いていいます。かたよらない、こだわらない、とらわれないことが大事で、すべてのことは移ろい変化することを示している経典です。甕二口の墨書と漆書の違いに何か意味があるのでしょうが、現在、その理由はわかっていません。

三つめの蓋付陶磁器は、伊万里焼（注81）でしょうか。祖晴は何度か長崎に商用を兼ねた仕事で出向き、長崎の清水寺(注82)や三戒壇(注83)の一寺筑紫の観世音寺や安楽寺天満宮と呼ばれていた太宰府天満宮に立ち寄って教えを乞い、貴重な品々を頂戴したりしています。彼自身が持ち帰ったものか、兄の秀井慈泉から譲り受けたのか、大到見牛自身が用意したものだったのかもしれません。慈泉は三度目の長崎訪問の際に長崎奉行所に勤めていた絵師がわざわざ贐に描いて贈ってくれた長崎諸役所絵図(注84)を持ち帰っています。古廟山観流庵にあったものを子孫が藩主家に献上したために盛岡南部家の所蔵となり、現在はもりおか歴史文化館所蔵となっています。寛政三年(一七九一)と制作年代がわかる、劣化がほとんどない美しい絵巻として大変貴重な文化財です。

蓋付鉢のなかの蛇紋岩の平小石に文字が書いてあったのでしょうが、経年劣化による摩耗で文字は見えません。たった一つだけ白い石には宝という文字が墨書されていますが、この宝の文字が書かれたのが円仁の経塚から出たものだとして、蓋付鉢内に入るギリギリの大きさの小判型の石に鮮やかな墨書がされ、容器内に入った小石の上に載せられていました。この平小石にも陀羅尼などが記されていたのでしょう。蛇紋岩の平小石は奥州市水沢の黒石寺や奥の正法寺のあたりのものではないかと推測しています。黒石寺は文字どおり蛇紋岩から地名がついています。奥の正法寺の庫裏周辺の敷石や階段には蛇紋岩が使われています。曹洞宗の重要寺院で元第三の総本山だった奥の正法寺は祖晴らの学問の師であった寂照軒こと東光良普が三十世住職を務めた寺があった所です。現在の住職は五十九世山主と呼ばれています。藩政期に大槌通で使う麻の漁網の編み方も特殊で水沢産のものを購入していました。その辺に糸口がある気がします。

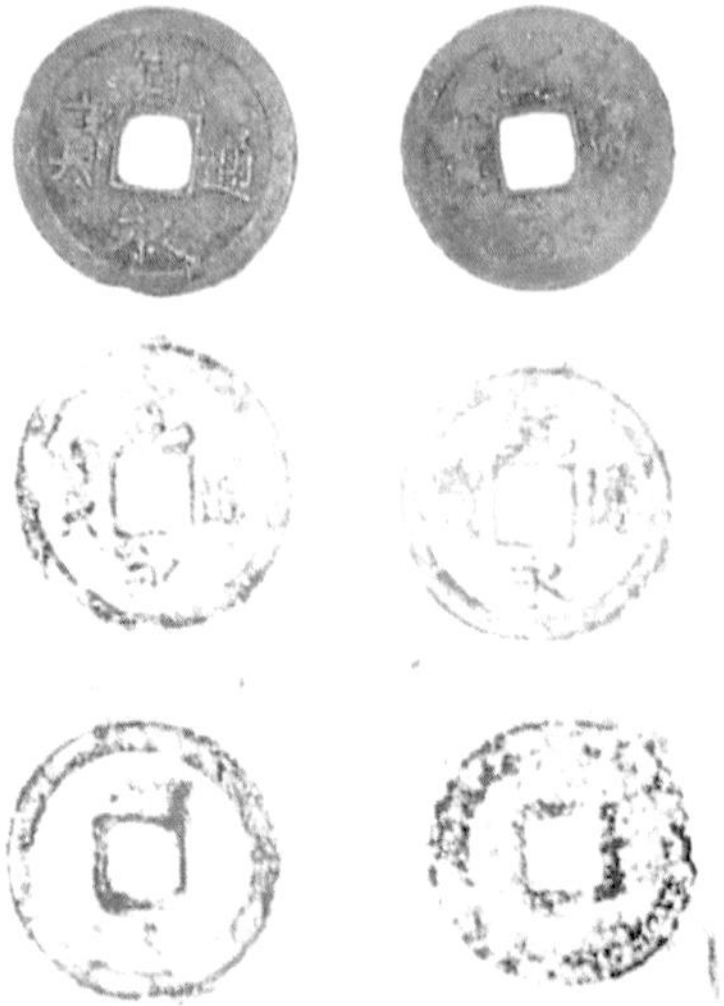

宝形印塔内から発見された二枚
の寛永通宝　　田口弘明氏提供

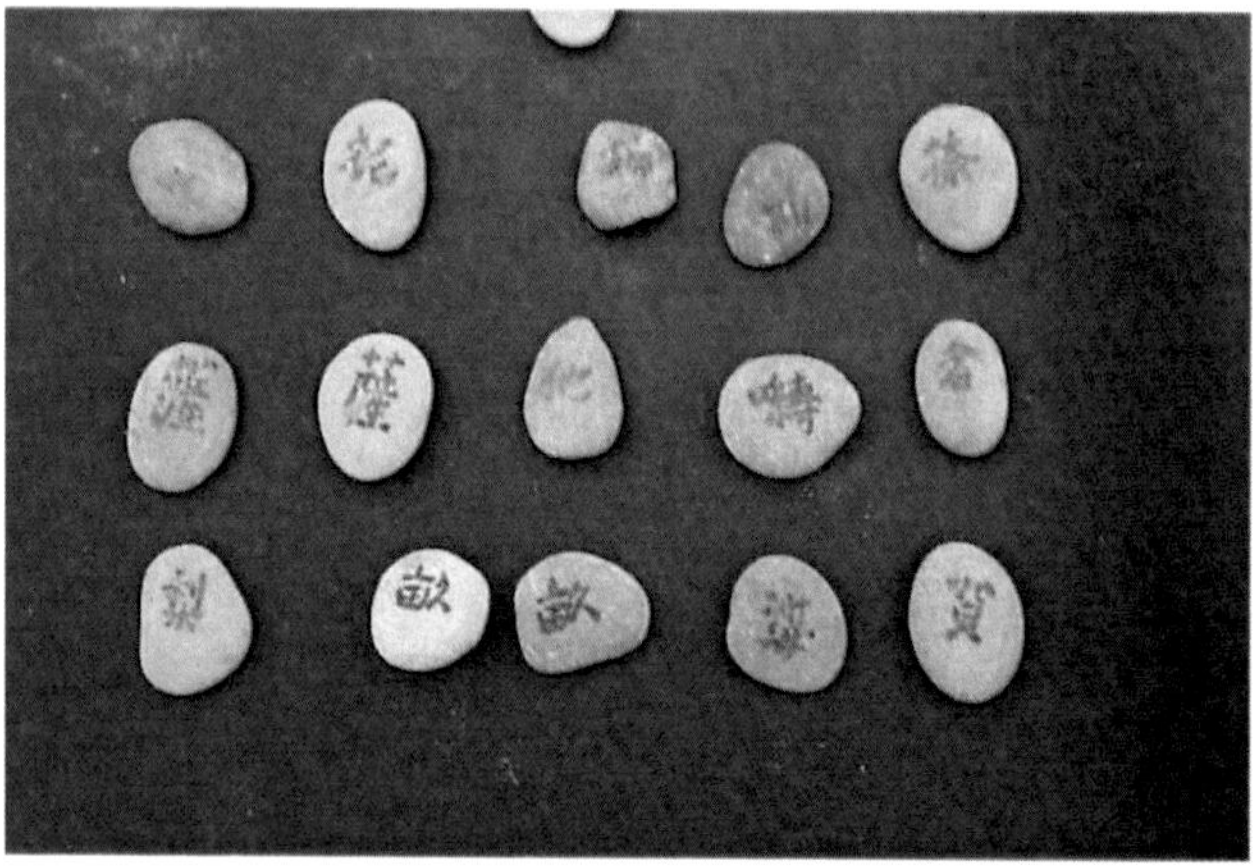

漆書の一字一石の経石

当時の吉祥寺住職の大到見牛が安永四年（一七七五）に宝篋印塔を造立して宝篋印塔陀羅尼経を一石に一字ずつ御仏に三礼しながら書写しました。また諸経（金光明経のなかから十一品カ）を十一品書いて納めたとあり、裏部分は同じ安永四年の八月中旬に田名部の釜臥山にあった慈覚大師の経塚から出たという宝の字の一石が手に入りましたので奉納いたしますとあります。宝篋印塔の造立に際して天台宗を奥羽（東北地方）に布教活動を行った慈覚大師円仁の経塚の石も一緒に埋納したということでしょう。

表には、（石の形状に合わせて）

沙門見牛僧

安永四年

○宝篋印塔造立

同御経一石一字

三礼幷ニ諸経

拾壱品書納

肥前産蓋付鉢内蓋石表
五世大到見牛直筆

裏には、

同年八月中旬
田名部釜臥山之
慈覚大師之経塚ヨリ
之宝ノ字ノ一石入而
奉納者也

肥前産蓋付鉢内蓋石裏

比叡山延暦寺を開基し、日本で天台宗を始めた伝教大師最澄の弟子で、入唐（注85）経験もある天台座主を務めた慈覚大師円仁が青森県むつ市にある霊場恐山の四方を鎮める山の最高峰の釜臥山に作った経塚から出てきた宝の文字が記された石を入手できたので、吉祥寺住職大到見牛が宝篋印塔造立の際に一緒に埋納したわけです。

二十三　慈覚大師円仁と奥羽

円仁は、延暦十三年（七九四）生まれで、貞観六年（八六四）に亡くなっています。最澄の高弟で、第三代天台座主をつとめた人物です。下野国の壬生氏の出身です。後半生は陸奥・出羽両国（東北地方）への布教に尽力しました。弘仁七年（八一六）には最澄に従って関東地方（坂東）などの東国への布教活動に同行していますから、その延長線上に東北（奥羽）布教だと考えられます。

承和五年（八三八）に入唐を果たしますが、これは三度目の挑戦でした。博多から揚州まで八日間でたどり着いています。有名な『入唐求法巡礼行記』（注86）を記しました。これにより、唐での艱難辛苦や、新羅人商人らの協力を得て朝鮮半島沿岸にそって帰国したことがわかります。山形県の立石寺や宮城県の松島の瑞巌寺に岩手県の平泉の中尊寺や毛越寺などを開いた僧侶です。東京の目黒不動の瀧泉寺や浅草の浅草寺も円仁の開基と伝わります。岩手県奥州市の黒石寺には伝円仁像がありますし、山形県立石寺には見晴らしの良い五大堂の真下が彼の入定窟と伝えられ、首像も伝存します。

霊地恐山菩提寺も円仁の開基と伝えられます。田名部（たなぶ）とは、現在のむつ市大湊です。港湾を東方に、陸奥湾を南方に見渡せる絶景の地が釜臥山です。恐山の外輪山では最高峰の標高八七八ｍの山です。陸奥湾側も大湊の港もよく見える場所です。そこから発見された霊験あらたかな有難い白色経石に「宝」の一文字が墨書されていました。これを円仁ゆかりのものだと信じて大切に大槌の吉里吉里まで運んで、大変貴重であるにも関わらず惜しみなく一大事業である宝篋印塔の造立に際して一緒に埋め納めたわけです。逆にこの経石を入手できたからこそ宝篋印塔の建立に繋がったのかも知れません。

総持寺祖院への往復に見牛が恐山に立ち寄ったのかも知れません。大湊と野辺地は盛岡藩の重要な湊であり、北前船への接点となりますから、そんなことも考えられます。

二十四　澤舘栄吉氏らの調査と今回

郷土史家の澤舘栄吉氏による昭和五十六年（一九八一）六月四日に行われた調査記録によりますと宝篋印塔の総高二七五㎝で初層基壇は二石からなり、幅は一三三㎝。二層は高さ三〇㎝の一石。三層は一石で二二㎝。この上の塔身が、高五六㎝で縦横六〇㎝と六一㎝。右面に「大到叟造立之　安永四未十月　石細工伊之助」とあり、その上に五層に蓮弁が刻まれた石が乗り高一八㎝。六層が球形で高四一㎝。七層目に大きな笠が被せられ、その上には請花と宝珠が乗っています。残念ながら初層の基壇幅以外は幅の計測はしなかったようです。いわゆる一般的な宝篋印塔の細かい壇の積み重ねや四隅の突出飾りや相輪はありませんので、一見すると五輪塔に近い形状です。

そこで、今回田口弘明氏に実測してもらいました。高さは正確でしたので、幅を追加します。初層は一三三㎝、二層は一〇七㎝四方、三層は八二㎝四方。塔身も六一・五㎝×六〇・五㎝のほぼ正方形、蓮弁は七四㎝四方で、球形は直径四四㎝で、笠は一〇三㎝と一〇八㎝。露盤は三四㎝四方で請花は直径二一㎝で宝珠状部分は直径一四㎝です。

三層と塔身の接合部分には三層が凹で塔身が凸の直径三〇㎝の臍穴があります。露盤に凹を二重にして直径四㎝の底から寛永通宝二枚が見つかりました。その上部は直径一六㎝の凹があり、ここに請花と宝珠の部分が凸で差し込まれていました。球形の側面中央部には四面とも横長の四隅角切の彫り込みがあり、その中央には卍が刻まれています。

略示碑の調査は同年同月の四日と九日に行われています。台石は奥行五二㎝、幅六一㎝、高二〇㎝で、略示は奥行二四㎝、縦八三㎝、幅四〇㎝とあります。表面には、宝篋印塔建立の意図や礼拝の仕方などが刻まれています。裏面には、「両槌巷持経者　佛眼祖睛　安永六丁酉九月　此碑建立　瑞雲閑居沙門大到述」の五行が刻まれています。

二十五　今回の実測

印塔の土中の石室は三つの大石で三方が壁面を作っていました。一石目四五cm×六八cm×四八cm、二石目は五八cm×七七cm×五〇cm、三石目は八〇cm×六二cm×(六一cmと五三cm)発見時に立ち会っていないため、どの面が壁だったのか上下がわからないので、この表記とします。

その上の若干加工を加えた蓋状石は厚二九cm、最大幅一二二cm、最小幅一九二cmで直径は約二〇〇cm。その上の初層の二石基礎は三六・四cm×八三cmで高二八cmの石と、二六・五cm×七六cmの高二二cmの石を使っています。内側に一五cm四方の幅を残して一・五cmから二cmの窪みを中央部分から彫り込んで凹ませていてこの上に次の石が乗っています。二段目は一〇六cm四方の石に一二cm四方の縁を残して中心部を一・七cmほど彫り込んでいる。三段目の石はほぼ正方形四方。ほぼ一〇cmの縁を取って内側を深さ一・八cmほど彫り込んでいる。内側彫り込みから一七cmのところに直径二九cmの臍穴を六・五cmほど彫り込んでいます。四番目の石は中央に円形の臍穴、五番目の石は六七cm×六七・五cmあります。

二十六　略示のすばらしさ

印塔の脇には略示という石碑が添えられていました。宝篋印塔自体の造立は安永四年（一七七五）は乙未（きのとひつじ）の十月ですが、略示は安永六年（一七七七）で丁酉（ひのととり）の九月です。表面の文字は他の筆跡からも祖睛です。宝篋印塔建立の意義と礼拝の仕方を後世に伝える意図で書かれています。裏面には瑞雲閑居沙門の大到述とありますから、建立の経過と功徳について大到見牛が述べた、またあきらかにしたということになります。

この刻文からしますと、吉祥寺の住職を務めた後に、本寺の瑞雲寺の住職なり、隠居して吉祥寺に戻って住んでいたと言うことでしょう。見牛は本寺ばかりか、総本山の輪番住職も務めていますし、吉祥寺の住職再任時期もあったのかもしれません。

平面に加工された面に流麗な見事な筆致で仏眼祖睛の筆跡が確認できますが、小石の欠落などで表面はざらざらしていて読みにくい状態です。田口弘明氏による拓本をもとに原文をあげてみます。澤館栄吉氏の資料調査の文面と花石公夫氏の『閉伊の木食　慈泉と祖睛』とは読み取りが若干異なりますが、送り仮名や濁点をつけて読みやすくしてみました。

夫（そレ）宝篋印陀羅尼ハ其功徳　甚深（ク）　無量なれは（ば）　衆生結縁のため往還の傍に　安置し奉ること　願以此功徳　四句　皆共成仏道（願以此功徳　普及於一切　我等與衆生　皆共成仏道　の廻向文のこと）の義にして　自己の功徳のミにあらす（ず）　能（よク）是を領解し刹那の間も　心を静にして　随喜真実の一念を起し　低頭合掌　一帀（ソウ・右に一回廻ること）三帀（右に三回廻る）する者ハ　罪障（は）消滅（し）　衰（おとろえ）患（わずらい）を除く　祈祷となり　死せる者の

為にハ　離苦安養を生る菩提の結縁たり　かゝる容易き善法　豈（あに）空しく通らさ（ざ）らむや　又幼児まて（で）も　いと解し安からしめむと　是を知らせて　道急ぐ人も拝め　やたらに　塚　三世のたすけと説し御法を

※当時は濁点を付けて表記しません。送り仮名を書かない場合も多いです。

意訳すれば、宝篋印塔陀羅尼の効用は現世や来世にもたらすもとになるよい行いをさせてくれるところです。それは大変深く、量りきれないほどです。生きとし生けるすべての人々が仏道に入る縁を結ぶために往来の人々がよく通る道のそばに安置いたしました。廻向文にあるように、この仏様の効用によって仏道に帰依するということが、すべての人に満ち渡って、私たちすべてが平等にみな一緒に仏教を敬って生きていけるという思いを願い奉ります。このことは自分だけが仏の道に導かれるのではなく、印塔陀羅尼の働きを正しく理解して、ほんのわずかな時間でも心を静かにして、ともに喜ぶ善行によって仏のご加護が降り注ぐことを喜びましょう。地に低頭して合掌して礼拝し、右に一回廻り、右に三回廻って礼拝しなさい。そうすれば罪障を消滅させ、身体の衰えや患いを取り除き、死者のためには苦しみを離れて安楽をもたらす。こんな誰にでもできる、容易く、安易な方法はないのだから、すっと何もないかのように素通りしていいものだろうか、いやそうではない。幼児でさえもそのことをとても簡単に理解していて安寧を得るべきである。このことを皆によく知らせて、道急ぐ人たちにも礼拝させなさい。前世、現世、来世のすべての救いになるし、親、子、孫のためにもなることなので、よくよく仏法を説いてあげなさい。というようなところでしょうか。

二十七　埋め戻しと再建

送迎バスが充分に曲がる道幅が確保された後は、街道から参道への入り口左右に遭った石碑群の整理や移転も伴うことになります。吉祥寺をはじめ檀家護持会を中心に地域住民の意向を聞き取って、慎重に移転場所を確定していかなければなりません。その中心に今回の宝篋印塔の再建を成すべきでしょう。地中部分から発見されたものについては発見時の状態にできるだけ復元して、土砂と混じっていた経石は新しい甕を数個用意して石室のなかか、その前方に埋納すべきでしょう。二口の甕は同じ大きさの甕を新規に用意して経石を入れ直します。今までの甕は罅が入るか、割れていますので、展示資料として活用します。木製宝篋については、新規の制作がふさわしいでしょう。一字一石経は数行分を復元し、宝篋の蓋と底板は吉祥寺において展示スペースを設けて展示して後世に今回のことを伝承すべきです。

創建四百年を越える古刹が境内整備事業を推進している今日、仏縁あっての発見となりました。今回、新規に一字一石経書写事業を起こして、般若心経一巻を一口とともに金光明最勝王経の一品を選んで檀信徒やゆかりの人々に一文字ずつ書写いただいて二百五十年ほど前のものと一緒に埋納することを検討していくべきでしょう。

まさに発心とも言われる、発菩提心に繋がる大切な行為になるに違いありません。

祥月命日のご位牌所などで飾って礼拝したのではないかと考えられる天量院殿こと南部利視肖像
彼は善兵衛家の接待に対して御礼の和歌などを下賜してするなど大変親しく接している
もりおか歴史文化館所蔵・提供

二十八　吉里吉里坂の峠の石造青面金剛立像

印塔の蛇紋岩の上下の蓋石墨書

瑞雲寺再住十二世で吉祥寺五世住職大到見牛と牧庵鞭牛が開いた道の吉里吉里坂に仙台城北八幡町の石工伊藤清蔵に作らせて安置した青面金剛像があります。洞の宝明院大覺坊と後住である子義音坊が文化四年（一八〇七）に建立しました。修験の宝明院の旦那場が吉里吉里や赤浜でしたから費用を負担したのはこの地域の人々だったと考えられます。現在は人通りのない草むした給水塔脇にひっそりと地蔵菩薩などと一緒に横たわっています。これをゆかりの吉祥寺の石碑群や宝篋印塔とともに吉祥寺参道脇に移設して、皆さんに拝観や礼拝していただいて、庚申信仰の学習の基にしていくべきです。このことは境内整備事業の一環としてふさわしいと感じています。

おわりに

二百五十年ほど前に建立された宝篋印塔は経年劣化と地震などにより、若干のずれや傾きが生じてきました。加えて、法会の際に道幅が狭くて送迎バスが曲がりきれないという問題もあり、印塔自体を解体して版築した安定した地盤のところに移設再組み上げを檀家護持会と寺は決めました。印塔は見えていましたから丁寧に解体されましたが、最下層の基盤の下がコンクリートで補強されていて、旧浜街道と山門へ続く参道部分は七十㎝ほどの高さの石垣が組み上げられていました。そこが一字一石経塚だとは思いもよらない発見でした。

仏恩に感謝して、当時の様子を現代の人々に伝え、これからの人々のためにも新規に令和の一字一石経の書写を行って、二つの時代の様子を後世に伝えるべきだと考えます。幸い寺は境内整備事業を推進中ですので、このことも一事業に加えて行くことについて検討していることが仏果となる日を愉しみにしています。

金光明経の何品なのかの十一品の特定作業には地元住民の協力を仰いで進めたいと思っています。お寺や檀家護持会や地域住民のご協力を得て、先祖の意図を汲み取って、次世代に繋げていく活動の一助になれば幸甚です。

拙文は、徳田健治、田口弘明両氏にご指導いただきました。写真提供は工事にあたった、つつみ石材はじめ、もりおか歴史文化館や岩手県立図書館にご提供いただきました。改めて御礼申し上げます。

注

注1吉祥寺：山号は虎龍山。津軽石の瑞雲寺七世一機文朔により開山。古寺（ふるでら）の地から現在地には、享保元年（一七一六）に三代前川善兵衛助友が移転させて、伽藍整備を行う。

注2前川助友：藩主南部利視との関係を構築した人物で、最初の分家梅屋の善右衛門を小国から見出して妹の婿とした。娘婿は野田御給人の息子を迎え入れて四代目を継がせた。善兵衛家の全盛期を開いた人物。怡顔は隠居号。盛岡藩の儒家にわざわざ依頼して命名してもらったもの。利視からも「イガン」と呼ばれている。戒名のなかにも清榮軒悦翁怡顔居士と入っている。

注3前川富昌：野田御給人中野勘右衛門の息子。三代助友の婿養子に商才を買われてか助友の娘婿に入る。鮑の素潜り漁師は野田通から出稼ぎに来ていて、吉祥寺と兄弟寺にあたる海蔵院も野田にある。富昌奉納の石仏が薬師如来と不動明王が野田村指定文化財で海蔵院に現存する。

注4前川富能：度重なる藩主家からの献金要求や実質的に藩借入金の返済がなく家業が傾いていくときに善兵衛家を支えた当主で慈泉や祖睛や浄圓と同時代を生きた。先祖を尊敬し、系図など様々な古文書を残した。

注5前川家文書：令和二年十一月二十八日に大槌町指定文化財となる。津波被害を受けたが文化財レスキュー後に実施した安定化処理後に年代順に整理され前川家に返却された。

注6海蔵院：瑞雲寺七世一機文朔によって開山された寺院。火災に遭っているために前川善兵衛家との関係を記した古文書や伝承は残っていない。

注7遍照光院：高野山に参詣する盛岡藩と八戸藩の領民たちが宿坊とした場所。何度も火災に遭って再建されているため、前川善兵衛家が再建したという文書や伝承は残っていない。

ただ藩財政がひっ迫常態化している盛岡藩にとって、再建費用を賄えるのは善兵衛家のみで、費用負担させた可能性は高いと考えられる。

注8龍谷山瑞雲寺：応永六年（一三三九）の開山。寺格は閉伊郡一とされる。総持寺の輪番住職が出せる輪番寺であった。宮古市津軽石払川にある曹洞宗寺院。野田村の無量山海蔵院は瑞雲六世本室寿宗により寛永元年（一六二四）に開山。大槌町の吉祥寺は瑞雲七世一機文朔により元和元年（一六一五）の開山と伝えられ、六世開山と七世開山が逆転していることから、齟齬があるのかもしれない。海蔵院と吉祥寺の本寺。

注9御給人：盛岡城下へ集住する藩士ではなく、各代官所管轄の武士で、代官所の近くに居住している。概ね五十石以下の下級藩士が多い。県の出先機関である地方振興局に相当する。地元居住の侍をさす。盛岡から派遣される代官を補佐する代官下役や諸役人はこの御給人から任命された。

注10俵物：長崎俵物とも呼ばれ、金銀の産出量が激減してからは中国向けの輸出品の代表。高級料理食材に用いられる干鱶鰭や干鮑や干海鼠を俵に詰めて長崎に送った。長崎で干し直しや俵の詰め直しや品質チェックや計量を行って輸出した。秋田県の小坂銅山や藩境に近かった水沢銅山も盛岡領の銅山で、金銀に代って大量に輸出された。中国向けの輸出品であった。

注11通：通（とおり）とは、盛岡藩と八戸藩独特の地方行政区画であり、各代官が管轄する領域をさした。盛岡藩は三十三通であった。盛岡と花巻には数通の代官所が設置されたが置かれたが、それ以外は田名部、宮古など現地に代官所が置かれた。野田通は、野田村、岩泉町など岩手県北部の九戸郡を中心に二十二箇村を統括した。大槌通代官所跡地は大槌小学校となり、震災後は町役

場となった。

注12鮑漁：現在は素潜りではなく、小舟に乗って竿の先についた鉤で引っかけて獲るようになってい
る。

注13気仙川河口：仙台領気仙郡二十三箇村を統括する大肝入吉田筑後（宇右衛門）がここに居住して
郡政を担った場所。

注14『当家代々記録』：水産研究教育機構・水産資源研究所・図書資料館所蔵の前川善兵衛家文書の
中軸となる文書で冊子もの。題簽が剥がれているが一巻目は宝永から寛延までで二代富永、三代
助友のころ。二巻目は寛延から宝暦までで、四代富昌、三巻目は明和から安永上、四巻目は安永
中、五巻目は安永下、六巻目は安永の残りと天明まで、七巻目は天明の残りですべて五代富能の
代のことで、八巻目は題簽がなく寛政から享和までで、富能から六代富長までにあたる。但し八
巻目も富能の死を最後に記録は途絶えてしまう。

注15那珂湊：那珂川河口にあった港で、水戸藩の蔵屋敷や藩主の別荘などもあった。涸沼、涸川水系
から、北浦に入れば、霞ヶ浦や利根川水系を使い、江戸川を経由して江戸まで物資を運ぶことが
出来た。

注16拾分一税：盛岡藩では、水産物の漁獲量に応じて、その十分の一を藩に納税した。これを徴収す
る役所を拾分一役所と呼んだ。著者は幼少期、宮古市鍬ケ崎で育ったが、「じゅうぶのさわ」、「じ
ゅうぶのいちざあ」という住民のことばも意味もわからなかったが、宮古代官所の拾分一役所が
あった沢のことだと後年になって知った。善兵衛家に対して、金銭で借金を返済できない分を拾
分一税の徴税を任せて、その数年分を返済に充てようとした。

残念なことに鮭、布海苔、赤魚、鮪など主要な産品の漁獲量が減り、藩への納入分さえ、善兵衛家が立て替えて納入することまで強要され、善兵衛家への返済は反故同様になった。

注17幕府の方針：善兵衛家の全盛は老中が田沼意次の時です。商業に重点を置いて長崎貿易にも積極でしたから俵物や銅の価格に介入することはなく、老中が、松平定信になると新田開発など農業中心の施策に戻り、貿易額を把握や貿易額の制限や、金銀の海外流出を防ぐために、俵物も銅も幕府が公定価格を決めてしまい、産地の盛岡藩や善兵衛家の収益が激減した。

注18南部利視：南部家二十三代当主で、八代盛岡藩主。信恩の子ながら、父の死後の誕生のため藩主には、叔父の利幹が就任。利幹の養子として藩主を継ぐ。利幹の子の利雄を、また養子にして自分の後継藩主とした。利雄は利視の子利正をまた養子として、その次の藩主にしている。従って、後沿岸巡察で善兵衛家を訪ねる利敬は、利視の孫にあたる。正室は播磨国姫路藩主榊原政邦の娘国姫。利視の息子信居も善兵衛家を訪れている。善兵衛家では、菩提寺吉祥寺に利視（天量院殿）の位牌を本尊脇に安置して礼拝していた。善兵衛家宿泊の際には助友、富昌、富能が拝謁して接待にあたっている。重信、行信の直系であるという意識が強く、盛岡市の聖壽寺の二人の石塔は、利視の再造である。官位は従四位下に昇り、修理大夫だったが、先祖にちなむ大膳大夫を希望して、それを得ている。利視の子信居の娘は後に藩主となる吉次郎利用の生母である。

注19勘定方：盛岡藩の財政を担当する役所。現在の桜山神社や、東通商店街のところにあった役所。勘定奉行の下にお雇い勘定奉行や勘定方役人が、職務を担当。この役所の仕事を善兵衛家は担わせ、江戸などに出張して金策にあたらせた。

注20商業資本の進出：江戸を中心に関東地方の商人らが、〆粕などの買い占めを行い、同様に働いて

も、値は抑えられ、地元の利益はどんどん減っていった。

注21日光本坊修理：大槌町指定文化財の前川（善兵衛）家文書には大槌から竹梯子や荒縄などを作って現地まで持参し、現場の宿泊場所や飯場やトイレまで作っていることがわかる。東日本大震災の津波被害を受けたが安定化処理が済んで保管されている。紙と墨や筆が立派なものを使用している。見事な筆致で、誤字や書き損じがなく、記録担当した手代などの教育が行き届いていたことがわかる。

注22釜無川の工事：古文書は直接まだみていない。木曽三川の堤防工事が至難を極めた薩摩藩の事例がよく知られているが、暴れ川の天竜川や釜無川の堤防工事も、難儀だったことが予想できる。度々おこる洪水を防ぐために武田信玄が龍王岩に水流をぶつけて、蛇籠で流れを弱めた信玄堤が有名である。

注23仙洞御所：太上天皇（上皇）のための居所。朝廷と幕府の関係が悪化して、後水尾天皇が、急遽退位することになり、徳川秀忠の孫娘が明正天皇として即位した。京都御苑内には場所はあっても建物などはなかったため、実質的には修理ではなく造営になる。その後の火災消失の際にも再建されている。

注24利視の巡視：元文三年（一七三八）の事で、珊瑚島を蓬莱島に名称変更している。井上ひさしのひょっこりひょうたん島のモデルの一つとなっている。

注25厨川稲荷神社：前九年合戦の戦勝祈願のいわれを持つ古社。雫石街道沿いにある。藩政期の扁額や絵馬が多く現存している。ここから前川稲荷大明神は宝暦九年（一七五九）に勧請された。

注26盛岡藩主家は重信夫人の病気平癒を祈願したことがきっかけで、神饌田や鳥居、覆屋などを寄進

している。『厨川稲荷神社の信仰と歴史』にまとめた。

注27国性爺合戦：二段目の千里ケ竹に鄭成功となる和藤内とその母が迷い込んで虎と対峙する場面で、天照大神の御札によって虎が大人しく従うことになる。初演は大坂の竹本座での人形浄瑠璃であったが、大盛況のため翌年には人形浄瑠璃と歌舞伎として江戸でも公演された。近松門左衛門の作。これが大槌通の郷土芸能虎舞のルーツである。

注28水主：かこと呼ばれた漕ぎ手。帆船も湾内から岬を回って外洋に出るまでなど人力の櫓を漕いで移動するための人員が必要だった。当然、荷の積み出し積み卸しなどにも従事した。

注29虎舞：藩政期の大槌通の沿岸集落に伝わる郷土芸能。現在の山田町、大槌町、釜石市にのみ伝承する。ルーツが人形浄瑠璃からのものと歌舞伎からのものと囃子やストーリーが若干異なる。どちらも国性爺合戦にルーツを持つ。

注30水産庁前川善兵衛家文書：水産研究所所蔵文書には、利視は善兵衛家宿泊の際に参拝して、厨川から勧請された由来を聞いて、祖父母の行信と慈恩院、父母の信恩と浄智院と自分が信仰していた神社であることに大変感激したと記されている。

注31鳩崎：波止場の波止の先端という意味と考えられる。ここにも稲荷神社があった。震災後埋め立てられ道路や公園や災害公営住宅になっている。

注32安渡邸：小鎚神社所蔵『吉里吉里前川家奉勧請灵佛神霊社由来』に見える。

注33玉樹山羅漢寺：茨城県水戸市にあった真言宗の寺院で大規模な五百羅漢堂を備えた大伽藍だったが、火災後の再建を水戸藩から許されず、衰退し廃寺となった。水戸学の隆盛に伴い、神道に重きを置くようになって行ったためである。開山は木食戒を実践した恵忍観海敕(勅)上人である。

この寺は院室兼帯を仁和寺から許された。慈泉と浄圓の二人は観海の直弟子である。

注34羽黒派：修験道の一派。大槌通の修験者は圧倒的に羽黒派が多い。山形県の出羽三山をもととする真言宗系の仏教と山岳信仰が一体となったもの。本山派は熊野三山をもととし、聖護院が束ねるため天台宗系である。山田町と大槌町は羽黒派、釜石市は本山派が多い。大槌町に限れば二人と釜石市鵜住居の一人の三院のみが本山派だった。小鎚神社の前身官照院とその南近くにあった無量山観音の圓應院と鵜住居観音堂の慈眼院がそれである。

注35十王：初七日から七七日の満中陰までと百箇日、一周忌、三回忌の十回にわたって亡者に審判を下す冥界の王の総称。地蔵菩薩が見守り救済してくれるという信仰から一緒に祀られている。地蔵菩薩だけが客仏でつくりが大変見事である。十王は地方の素朴な一木造でどっしりしたつくり。

注36佐々木藍田：山田町の出身。山田の町場で染物業を荒川屋という屋号で営んでいた。後に大槌町金沢に移住。中央画壇で名をはせた絵師や盛岡藩の御用絵師の絵を多く書写して残した。金沢金山や山田や大槌の絵図も制作している。絵師雅号は木瑛。

注37三井親和：諏訪出身。高崎藩主で、老中松平輝高の庇護を受けて深川に広大な屋敷を与えられ居住。弓術、馬術、篆書に優れ、暖簾、看板、幟、着物や浴衣や帯まで親和染が流行。

注38市河米庵：市河寛斎の子で、林述斎などに学ぶ。隷書と楷書を特異とした書家。三井親和とともに高等学校の書道Ⅱの教科書に掲載される名手。

注39持経者：妙法蓮華経などを肌身離さず、身辺に置き、真読と写経を日課とした者。出家はもちろん在家でもいた。

戒を受けた弟子。全国各地で微笑仏を彫りながら行脚した。木喰上人は晩年木喰五行明満仙人と名乗った。

注41宝篋印塔：滅罪や延命、追善や逆修の御利益があるという墓塔や供養塔。

注42略示：碑本体は高八六〇、幅四〇〇、厚二四〇㎜で頭頂部は四〇㎜の高さで曲面仕上げとなっている。略示の文字は高六〇㎜で幅は一六五㎜。本文は高六六〇㎜で幅三四〇㎜に十行記されている。撰文と揮毫は仏眼祖晴。

注43金光明経：正式には金光明最勝王経。義浄三蔵法師漢訳のものは十巻からなる経。聖武天皇は、この経典によって鎮護国家を実現するために、国毎に国分寺と国分尼寺を建立させた。仏法の法力で、兵乱、災害、疫病、飢饉などから国を護る経典で、法華経、仁王経、金光明経の三経は護国経とされる。聖武朝に書写された天平時代の紫紙金泥紺光明最勝王経は東京国立博物館、奈良国立博物館などに保管されている国宝である。巻八は大辨財天女、大吉祥天女などの諸天善神がこの経典を奉持する行者を守護して利益を与えることなどが説かれている。本来は国分寺の塔に安置されていた経典。

注44般若心経：大般若経六百巻の要約である。六波羅蜜という修行する上での知恵を紹介している。徳行の実践を促している。かたよりや、こだわりや、とらわれを戒め、「空」について解説している経典で玄奘三蔵漢訳のものが最も普及している。

注45諸嶽山総持寺：石川県輪島市の総持寺祖院のこと。瑩山紹瑾（けいざん・じょうきん）が開山した曹洞宗の大本山。明治四十四年（一九一一）に現在の横浜市鶴見区に移る。

注46吉祥山永平寺：福井県吉田郡永平寺町にある寺院。道元が開山した曹洞宗の大本山。波多野義重

の支援を得て建立。

注47輪番住職：総持寺祖院の住職を地方の末寺の住職が交代で務める制度。責任を分担できるうえに、宗派内の主要寺院の住職の相続争いや分派問題を起こさせない工夫でもあった。地方の末寺にとっては大変な名誉を得ることにもなった。瑩山禅師の後を継いだ峩山禅師が貞治三年（一三六四）に定めた制度。明治三年（一八七〇）までにほぼ五百年間で五万人近い僧侶が祖院の住職を務めている。一人の僧が七十五日ずつ務めた。北前船に乗って来て住職を務める。その僧たちが文物や人的交流にも貢献した。祖院で用いていた輪島塗が地方に伝播する要因でもあった。瑩山禅師が能登国永光寺で始めた制度で、祖跡の護持、門派分裂の回避、名誉の配分を目的としていた。僧の移動にともなう交流によって宗派の強化は勿論のこと、全国との流通網の整備や文化の伝播にも大いに貢献した。

注48萬丈鐵山：吉祥寺八世。五世大到見牛のあとは六世慈忍範舟、七世無學愚明が入る。宝篋印塔建立時の住職は七世にあたる。

注49太宰府天満宮：江戸時代は、神仏習合で安楽寺天満宮と呼ばれていた。神仏分離令によって太宰府神社などを名乗った現在の太宰府天満宮。御祭神は菅原道真公。社殿は墓所の上に建立されている。現在の社殿は、小早川隆景が天正十九年（一五九一）に建てたもので重要文化財に指定されている。

注50雞石山林宗寺：慶長二年（一五九七）に遠野の上郷の曹源寺の日室俊朔が早栃に開山。六世牧庵鞭牛が寛延二年（一七四九）に橋野町中村に移転させた曹洞宗寺院。庵の跡や一字一石血書経塚などがある。

注51牧庵鞭牛：宮古市和井内の生まれで、母の死をきっかけに出家した。飢饉が起こる度に、交通の困難さが被害を大きくしていたために、道の開削工事に打ち込んだ僧として、藩から終身扶持を頂戴した。扶持米十石相当の十五貫文と伝えられる。宝永七年（一七一〇）誕生し、宝暦五年（一七五五）を弟子に譲って隠居して、道路開削に打ち込み、天明二年（一七八二）まで従事した。最初の開削は古里から中村に到る小枝街道で、最後が吉里吉里坂だった。

注52『三閉伊日記』：勘定方の役人の大矢文治と長澤文作が三閉伊（野田、宮古、大槌）へ出張した際の絵入日記。嘉永七年と記されているが、この年は十一月末に安政元年（一八五四）に改元される。万所金や、海外防備の臨時徴収金の催促や、遠野領主で大老格の南部弥六郎済賢から、盛岡本藩へ知行地の返還手続きに立ち会いを命じられていた。嘉永の三閉伊一揆の直後で、民情視察も兼ねていたと考えられる。

注53鶏冠井氏：地元ではかえでと呼ばれている。明智光秀の家臣であった鶏冠井氏（かいで）が失禄後に江戸で盛岡南部家に採用される。二百石の知行の内百石分が橋野村であった。

注54岡谷家：三日月神社の別当家。神社が高台にあり、東日本大震災の被害を受けずに貴重な史料が保存されていた。

注55松下烏石：書家。大森の磐井神社に烏の模様の入った石を奉納してこれを号とした。晩年は西本願寺の賓客として京都居住。

注56両社殿：現在の前川稲荷大明神のこと。藩政期は、辨財天と稲荷神を祀っていたためこの名で呼ばれている。

注57寂照軒：奥州市水沢にある大梅拈華山圓通正法寺（奥の正法寺）の三十世住職東光良普の隠居号。

注57寂照軒：奥州市水沢にある大梅拈華山圓通正法寺（奥の正法寺）の三十世住職東光良普の隠居号。熊本出身。西行ゆかりの野田の玉川を訪れるために、沿岸部を旅した際に大槌に引き留められて塾を開いた。慈泉、祖晴、浄圓、五代富能の学問の師である。

注58宋順：寛永元年（一六二四）生まれ。元禄六年（一六九三）死亡。川越喜多院から寛永寺凌雲院住職。一切経を校正して木版印刷によって普及させた僧侶。

注59羅漢寺：開山は木食恵忍観海勅上人。
　水戸城の東側に大伽藍が作られ五百羅漢を安置していた。

注60恵忍観海：常陸あるいは磐城出身で木食戒を広めた僧。羅漢寺は火災後再建が許されず廃寺になっているが、六地蔵寺にその法灯を受け継いでる。仁和寺の院室兼帯寺院となり御所にも参内して勅上人称号を得ている。大槌通の信者が多かった。

注61蓋石：大きな石でほぼ円形に加工されています。おそらく建立当初は宝篋印塔の廻るための目安だったと考えられます。匝とはこの蓋石の周囲を回るように教えていたと考えられる。後世に基段下の石垣が崩れるかずれたためにコンクリートで上から固めている。少しずつ土砂に埋まって円形大蓋は見えなくなって、礼拝形式も伝わらなくなったと考えられる。

注62南部守行：三戸南部家十三代当主。十二代当主政行の子。南北朝期のため正平十四年・延文四年（一三五九）生まれ。永享九年（一四三七）に死去。大槌氏と阿曽沼氏が対立した際に守行が阿曽沼氏支援のために大槌氏を攻撃した際に敵の流れ矢に当たって戦死したと伝わる。遠野の東禅寺で葬儀は行って、埋葬は大槌町金沢の大勝院。

注63正法眼蔵：道元の主著。真理を正しく伝えたいと日本語により、仮名で著述されているが難しい。

遺四巻が発見されている。この内容を在家信者に布教のためにまとめたのが『修証義』である。
注64杜多：ずたと読む。頭陀袋の頭陀と同じ。衣食住に対する欲をなくすと言うこと。煩悩を捨て去って仏道修行をする者を意味する。
注65抖擻：頭陀と同じ。托鉢によって食を得ることで、衣食住ともに欲を持たず質素である修行者の意味。
注66大般若経：唐の玄奘三蔵が漢訳。六百巻からなり、「空」について説く。除災招福や鎮護国家に利益があるという。
注67鬱金染め：大切な焼き物や掛け軸などを鬱金染めの黄色の布で包むのは虫除けの効果があるため。
注68印施：御経などを有縁の人々に木版印刷して配布したことを意味する。
注69長谷式十一面観音菩薩：真言宗豊山派の総本山長谷寺のご本尊は左手に水瓶に蓮が挿してあるものを持ち、与願印のように伸ばした右手に地蔵菩薩の持つような錫杖を持つ形式をしていて、観音と地蔵の法力をともに持つと信じられている。
注70宇賀神：宇迦之御魂神のことだと考えられ、食物神である。人頭龍身で蜷局を撒いているように作られる。辨財天と同じだと考えられ、頭上に蜷局蛇や鳥居を付けた宇賀辨財天としても祀られている。
注71滴水山曹源寺：遠野市土淵蓮峰山常堅寺の末寺常堅三世雪翁恕積の開山。開基は阿曽沼氏の家臣板沢泰之進。仏眼祖睛筆の大般若経を所蔵している。
注72『続日本紀』：文武天皇元年（六九七）から、桓武天皇の延暦十年（七九一）までの九十五年間を

四十巻にまとめた漢文、編年体で編まれた六国史の二つ目。奈良時代の研究の根本史料。

注73 勝川春草：江戸時代中期に活躍した浮世絵師。役者絵や美人画に優れ、後半生は肉筆に専念した。葛飾北斎も一時期、彼に入門して勝川春朗という名を名乗っていた。

注74 真言律宗：奈良市西大寺が総本山で叡尊上人が、光明真言を唱えることを広め、抜苦与楽、罪障消滅の利益を説いた。棺や埋葬土に祈祷をした土砂加持を撒くことも広げた。西大寺は奈良時代に称徳天皇が道鏡のために建立したのが始まり。鎌倉時代に叡尊上人が、真言を広め戒律を守ることに重点をおいて布教した。南山城や大和には彼が中興となる寺院が多い。鎌倉の極楽寺を開いた忍性は彼の弟子である。土砂加持は四代富昌の妻の埋葬の時も行われていることが吉祥寺護持会が編集した『お寺と地域の歴史』に紹介されている。このほかに三日月神社のご本尊不動明王立像の胎内からも加持された白土砂が出てきました。

注75 生駒聖天：生駒山宝山寺は江戸時代に宝山湛海が再興した寺院。元々は歓喜天を祀っていたが、夢告によって湛海は不動明王信仰を深めていった。湛海は彫仏に優れる。東京の富ヶ岡八幡宮の神宮寺の 永代寺を勧進によって再興した。別子銅山の経営に当たった住友家や、大和郡山藩の柳澤家の帰依を受けた。柳澤家の祈祷寺でもあった。大坂の商人や皇族の祈祷も行った。不動明王のことを無動尊呼んでいるのも宝山寺と三日月神社の共通点の一つである。

注76 バラモン：ヒンドゥー教の司祭者や僧侶にあたる。カースト制度の最上位になる。

注77 陀羅尼：記憶していて忘れない。繰り返して唱えることによって、能遮できる。雑念を取り払い集中する力も与えてくれる。

注78辨財天女品陀羅尼：金光明最勝王経のなかにあり、邪気を祓って豊かさをもたらす呪文。
注79花崗岩：石英や長石からなる火成岩で、黒雲母や角閃石を含む岩石。
注80蛇紋岩：橄欖岩や輝石が変成してできた黒みがかった緑色が多い。
注81伊万里焼：佐賀県伊万里市、旧国名肥前国の伊万里の港から、全国に出荷されたためこの名がある。有田焼は陸路で流通したため、その名で呼ばれる。有田で焼いても伊万里の湊から出荷することもあったので肥前産と言う。
注82清水寺：真言宗寺院。長崎山清水寺。京都の音羽山清水寺出身の僧慶順が元和九年（一六二三）に開山。長崎逗留中に祖睛は参詣訪問している。
注83三戒壇：律令国家で官僧になるためには下野国薬師寺、大和国東大寺戒壇院、筑前国観世音寺が日本三戒壇である。奈良時代に政界で活躍した僧玄昉の左遷先が筑前観世音寺で、僧道鏡の左遷先は下野薬師寺であった。祖睛は立ち寄っている。
注84長崎諸役所絵図：もりおか歴史文化館所蔵『旧諸役所図』のこと。絵図三十三面を描いて巻子に仕立てた。送り主は、長崎勝山町の雪翁軒一鈎。彼が描いて秀井慈泉が三度目の長崎訪問の際に、餞として贈られたものである。制作年代が寛政三年（一七九一）とわかる貴重な史料である。
注85入唐：にっとうと読む。遣唐使に随行した留学生や留学僧などが中国の唐帝国に入国することを言う。
注86『入唐求法巡礼行記』：円仁が博多を出航した承和五年（八三八）から新羅経由で承和十四年（八四七）に帰国するまでを漢文で書いた日記。

参考文献（年代順）

弄翰子編『平安人物志』「松下烏石」平安書林　一七五六（宝暦六）

柳宗悦『木喰上人之研究』「四国堂心願鏡」国立国会図書館デジタルコレクション所収
　三一～三六・一四八　一九二五（T14）

小林文夫『岩手俳諧史』新俳句社　一九五七（S32）

小林剛編『賓山湛海傳記史料集成』共同印刷工業　一九六四（S39）

大槌町史編纂委員会編『大槌町史　上巻』大槌町役場　一九六六（S41）

茨城県史編纂近世史第一部会編『茨城県史料』近世政治編「水戸紀年」五　良公
　宝暦六年（一七五六）丙子条　茨城県　一九七〇（S45）

国立国会図書館デジタルコレクション　茨城県史編纂近世史第一部会編『茨城県史料』
　近世政治編「水戸紀年」文政十年（一八二七）羅漢寺住職舜興提出水戸藩寺社方文書
　「観海上人」部分　国立国会図書館デジタルコレクション

森銑三『森銑三著作集　第四巻　人物篇』「三井親和」中央公論社　一九七三（S48）

水戸市史編纂委員会編『水戸市史』中巻（三）水戸市　一九七五（S50）

野田村教育委員会編『村の歴史文化手帳』『野田村誌』付誌副本叢書第六集　野田村
　一九八三（S58）

大槌町史編纂委員会編『大槌町史　下巻』大槌町役場　一九八四（S59）

前川隆重外編『南部藩参考諸家系図』国書刊行　一九八五（S60）

佐藤任『湛海和尚と生駒宝山寺』東方出版　一九八八（S63）

森下等『影山を降りず　生駒山中興開山宝山湛海律師の生涯』　宝山寺　一九九二（H４）
花石公夫『閉伊の木食　慈泉と祖睛』　東海印刷所　一九九八（H10）
編纂委員会編『岩手県姓氏歴史人物大辞典』角川書店　一九九八（H10）
宝山寺編『般若窟　生駒山寶山寺縁起』　大本山生駒山宝山寺　二〇〇〇（H12）
東山緑『生駒山の生き仏　寶山湛海律師』　共同精版　生駒山寶山寺　二〇〇一（H13）
生駒山寶山寺編『生駒山寶生寺と湛海律師』　歴史と文化　生駒山寶山寺　二〇〇一（H13）
外内英子外編『いわてのお寺さん』〔県北と北部沿岸〕　テレビ岩手　熊谷印刷　二〇〇四（H16）
小松雅雄『江戸に旋風　三井親和の書』　信濃毎日新聞社　二〇〇四（H16）
高橋文彦編『いわてのお寺さん』〔南部沿岸と遠野周辺〕テレビ岩手　熊谷印刷　二〇〇六（H18）
奈良県高等学校教科等研究会歴史部会編『奈良県の歴史散歩　上　奈良県北部』
　山川出版社　二〇〇七（H19）
盛岡藩家老席日記『雑書』第23巻　宝暦三（一七五三）～宝暦六（一七五六）　盛岡市教育委員会
盛岡藩家老席日記『雑書』第24巻　宝暦七（一七五七）～宝暦十（一七六〇）　盛岡市教育委員会
　兼平賢治校閲　東洋書院　ともに二〇一〇（H22）
佐々木勝宏『厨川稲荷神社の信仰と歴史』　ツーワンライフ　二〇一八（H30）
柳宗悦『木喰上人』　講談社　二〇一八（H30）
大井昇『長崎絵図帖の世界』「旧諸役所図」　長崎文献社　二〇一八（H30）
佐々木勝宏『前川善兵衛ゆかりの三神社』　ツーワンライフ　二〇二〇（R２）
兼平賢治『近世武家社会の形成と展開』　吉川弘文館　二〇二〇（R２）

兼平賢治『近世武家社会の形成と展開』　吉川弘文館　二〇二〇（R２）
井澤豊一郎『柳宗悦コレクション愛蔵版用の美日本編』　世界文化社　二〇二一（R３）
遠藤廣昭『中世曹洞宗の地域展開と輪住制度』　吉川弘文館　二〇二二（R４）
菅原慶郎『近世海産物の生産と流通　―北方世界からのコンブ・俵物貿易―』
吉川弘文館　二〇二二（R４）
佐々木勝宏・田口弘明『小鎚神社の三つの古文書』　ツーワンライフ　二〇二二（R４）

要旨

岩手県上閉伊郡大槌町吉里吉里の虎龍山吉祥寺の参道と街道の分岐点に建立された宝篋印塔は印塔内には宝篋や一字一石の陀羅尼経や貨幣が入っていた。基段下の大石の下は一字一石経塚になっていて墨書の般若心経と漆書の金光明経が二口の甕に埋納されていた。般若心経の甕には肥前産蓋付鉢の中に釜臥山の円仁の経塚から入手した石を含む陀羅尼が入っていたと考えられる。安永四年（一七七五）に輪番住職を務めたことがある大到見牛と法華経持経者仏眼祖睛が推進者であったことがわかった。無数の土砂と一緒に発見された経石は金光明経などの十一品を書写したもので、結縁を求めて成し遂げた地方の仏教信仰の在り方の一つを示している。

キーワード
仏眼祖睛　大到見牛　宝篋印塔　一字一石経塚　前川善兵衛

提供

口絵写真：宝篋印塔解体前の姿　徳田　健治氏
寸法図：石材寸法合成図　田口　弘明氏
題　字：　伶華千葉　明美氏
表紙写真：一字一石の般若心経　（発見された平小石を並べてみたもの）
※写真に断りがない場合は筆者撮影

筆者紹介

一九六二年、岩手県宮古市生まれ。一九八四年、奈良大学文学部史学科卒業。二〇一四年度まで岩手県立博物館主任専門学芸員。博物館を離れてから東日本大震災後の岩手県沿岸地区の文化財調査や研究を続け、文化財修復と文化財保護活動に傾注している。主著は『厨川稲荷神社の信仰と歴史』、『前川善兵衛ゆかりの三神社』、『海龍山江岸寺寺誌』（歴史編）、『小鎚神社の三つの古文書』など。陸前高田市旧吉田家住宅復元検討委員。まもなく、新聞連載した『岩手に始まる八戸藩』を出版予定。

旧大槌通の文化財　II
大槌町吉祥寺の宝篋印塔と一字一石経塚
～　吉祥寺五世住職大到見牛と
御社地を開いた仏眼祖睛と
二百五十年前の住民の願い　～

令和５年（2023）３月11日　初版　第一刷発行
編著者　　　佐々木勝宏
発行所　　　有限会社ツーワンライフ
ＤＴＰ制作　佐々木勝宏
印刷・製本　有限会社ツーワンライフ
岩手県紫波郡矢巾町広宮沢10－513－19
電話・ＦＡＸ　０１９－６７７－８６２５